新时代劳动教育

主　编　敬鸿彬　孙　艳

副主编　汪　洋　赵齐阳　侯志春
　　　　王　颖　王建翔

科学出版社

北　京

内 容 简 介

本书共 5 个主题，分别为认知劳动世界、领悟劳动精神、培养劳动能力、学习劳动法规和探究职业发展。在内容设计上，每个主题都由 3 个任务构成，每个任务包括学习目标、案例探究、知识领悟、劳动文化、身体力行、拓展阅读、学习感悟 7 个模块。

本书通过融入中国传统文化、设定课程思政教学要点、给出学习目标、介绍劳动模范、设计特色活动等方式，着力突出劳动意识和劳动实践能力的培养、分析能力和职业精神的培育，真正地将劳动教育融入学生的日常学习与生活之中。

本书既可作为职业院校学生劳动教育的教材，也可作为劳动教育的专题实用手册。

图书在版编目（CIP）数据

新时代劳动教育 / 敬鸿彬，孙艳主编 . —北京 ：科学出版社，2022.8
ISBN 978-7-03-072921-7

Ⅰ.①新…　Ⅱ.①敬…　②孙…　Ⅲ.①劳动教育　Ⅳ.①G40-015

中国版本图书馆CIP数据核字（2022）第149705号

责任编辑：郝　岚　蔡家伦 / 责任校对：马英菊
责任印制：吕春珉 / 封面设计：乔　楚

科学出版社出版
北京东黄城根北街16号
邮政编码：100717
http://www.sciencep.com

三河市中晟雅豪印务有限公司印刷
科学出版社发行　　各地新华书店经销

*

2022 年 8 月第　一　版　　开本：787×1092　1/16
2022 年 8 月第一次印刷　　印张：9
字数：213 000

定价：38.00元

（如有印装质量问题，我社负责调换〈中晟雅豪〉）
销售部电话 010-62136230　编辑部电话 010-62135927-2036

前　　言

本书为深入贯彻习近平总书记关于劳动和劳动教育的重要论述、全面落实《中共中央 国务院关于全面加强新时代大中小学劳动教育的意见》而编写。

本书由 5 个主题构成，分别为认知劳动世界、领悟劳动精神、培养劳动能力、学习劳动法规和探究职业发展。每个主题都由 3 个任务构成，每个任务包含学习目标（确定该任务的教学要求及应达成的目标）、案例探究（以案例引导学生进行探究性思考并引出该任务的学习内容）、知识领悟（按照适量的原则介绍学习相应任务所需要的基本理论知识）、劳动文化（结合对中国优秀传统文化及劳动要素的思考培育劳动意识）、身体力行（有针对性地设计并组织学生参与系列劳动教育实践活动）、拓展阅读（在以案例引导学生开展主题思考中拓展该任务的学习内容）、学习感悟（结合劳动题材的纪录片、影片、影视剧在情境再现中引导学生进行学思感悟）7 个模块内容。

本书的每个主题均以涉及劳动的古代经典名言名句及优秀古诗词开篇，让学生认识劳动是中华民族的传统美德，并引导学生要继承和发扬传统美德。同时，通过设定课程思政教学要点、给出学习目标、介绍劳动模范、设计特色活动等，着力突出劳动意识和实践能力的培养、分析能力和职业精神的培育，真正地将劳动教育融入学生的日常学习和生活之中。本书所选案例均为全国劳动模范、先进工作者的事例，旨在用他们辛勤劳动、诚实劳动、创造性劳动的事迹，引导和教育学生牢固树立劳动最光荣、劳动最崇高、劳动最伟大、劳动最美丽的观念，在注重教育实效、实现知行合一中促进学生形成正确的世界观、人生观、价值观。

本书由敬鸿彬、孙艳担任主编，汪洋、赵齐阳、侯志春、王颖、王建翔担任副主编，简冬秋、孟广普、夏海杰、谢梦蝶等参与本书的编写。全书由敬鸿彬提出写作思路、拟定写作框架并完成全书定稿工作；南旭光担任本书主审。

本书是重庆市教育委员会人文社科研究项目“基于‘五育融合’的高职学生全面发展培养路径研究”（项目编号：22SKGH489）的阶段性成果。在本书的编写过程中，很多朋友提出了宝贵的建议，我们对此深表感谢！另外，本书还参考了相关文献资料和网络资料，在此向相关作者一并表示感谢！

本书在形式上、内容上、体例上均有所创新，属于一次全新的尝试。由于编者水平有限，加之时间仓促，难免存在疏漏与不足之处，恳请广大读者批评指正。

编　者

目　　录

主题一
认知劳动世界

子夏曰：“百工居肆以成其事，君子学以致其道。”

——出自《论语 · 子张》

四时田园杂兴 · 其七

［宋］范成大

昼出耘田夜绩麻，村庄儿女各当家。

童孙未解供耕织，也傍桑阴学种瓜。

课程思政教学要点

【思政教学目标】

1．帮助学生正确理解和树立马克思主义劳动观。

2．教育引导学生崇尚劳动、尊重劳动，树立劳动最光荣、劳动最崇高、劳动最伟大、劳动最美丽的观念。

【思政教学要点】

1．马克思主义劳动观。

2．习近平关于劳动的重要论述。

【思政教学内容】

1．劳动创造人类。

2．劳动最光荣、劳动最崇高、劳动最伟大、劳动最美丽。

【思政教学设计】

劳动是马克思思想体系中的核心观念，是马克思主义理论研究的基础。马克思认为，“全部人的活动迄今为止都是劳动”①。马克思把劳动比喻成整个社会为之旋转的太阳，劳动是人类生存的本质，人类的发展过程就是劳动的发展史。

本主题重点介绍了劳动及其核心要素、马克思主义劳动观、习近平关于劳动的重要论述及新时代劳动教育的内容等，通过案例探究、劳模介绍、影视资料等，帮助学生理解“劳动创造了人本身”“劳动创造了人类社会”“劳动创造价值”的马克思主义劳动观，充分认识劳动是人的本质，人的本质是一切社会关系的总和。

同时，通过回顾历史，引入中华优秀传统文化，帮助学生学习和理解习近平关于劳动的重要论述，教育引导学生牢固树立劳动最光荣、劳动最崇高、劳动最伟大、劳动最美丽的观念。结合劳动模范、大国工匠及他们的先进事迹、劳动场景等，从中探

---

① 中共中央马克思恩格斯列宁斯大林著作编译局，2009．马克思恩格斯选集：第 1 卷 [M]．北京：人民出版社：193.

究劳动者的伟大力量，引导学生以创造性劳动报效国家、奉献社会。

任务一　劳动及其核心要素

学习目标

1. 了解劳动的含义，提升自己的劳动意识。
2. 能够积极参加日常生活劳动。
3. 引导学生树立热爱劳动、尊重劳动、崇尚劳动的观念。

案例探究

快递小哥获评杭州市高层次人才，获百万购房补贴

杭州一位快递小哥获评杭州市高层次人才并获得杭州市 100 万元购房补贴，引发社会关注。

这位“90 后”快递小哥叫李庆恒，从事快递分拣工作多年。每天晚上，他都要把收来的快件赶在清晨前分好，确保公司能以最快的速度把快件发送出去。日积月累，熟能生巧，李庆恒练就了一个本事，那就是无论快件上标的是城市代码、电话区号、邮政编码，还是航空代码，他都能准确无误地进行分拣。

因为有这个技能，李庆恒被公司选派参加各种技能比赛，他不负众望，拿了不少奖项。2019 年 8 月，李庆恒再次被公司选为“浙江省第三届快递职业技能竞赛”的参赛者。因为比赛要考投递、包装技能，没有实际操作经验的李庆恒，开始跟着一线快递员学习投递、包装及快递派送技巧。准备比赛的那段时间，李庆恒每天早上背诵邮政编码、电话区号、航空代码，下班后抽出两个小时来练习实际操作。

功夫不负有心人，李庆恒拿到了“浙江省第三届快递职业技能竞赛”的第一名。浙江省人力资源和社会保障厅授予他

【思考】

正所谓“三百六十行，行行出状元。”案例中的快递小哥李庆恒评上了杭州高层次人才，你认为这说明了什么？

____

____

____

____

____

____

____

____

____

____

“浙江省快递技术能手”称号。当公司告诉他，他可以凭借这个奖去评杭州市高层次人才时，李庆恒第一反应是“不可能”，直到尘埃落定，拿到了认定证书的李庆恒，还觉得有些不真实。

按照杭州市高层次人才政策，评上D类高层次人才，不仅可以优先摇号选房，还可以领取100万元的购房补贴、3万元的车牌补贴，并享受“杭州人才码”5大类、27小类百余项服务。

（资料来源：作者根据网络相关资料整理改编而成。）

知识领悟

认识劳动

劳动

劳动是我们每个人每天都在做的事情。我国也将“中华人民共和国公民有劳动的权利和义务”写入宪法。这就要求每个有劳动能力的人，都要把劳动当成自己的光荣职责。

那么，什么是劳动？在马克思看来，“有意识的生命活动把人同动物的生命活动直接区别开来”[①]。这就表明，劳动是不同于动物本能活动的人的实践活动，是人类社会历史存在的现实基础。如果从劳动活动本身来看，可以这么解释：劳动是人们按照预定的目的、运用某种生产工具及劳动资料、在特定的社会历史条件下、以改变自然物的方式来满足某种需要的生产活动。由此可见，劳动是人们改变劳动对象使之适合自己需要的、有目的的活动，或者说是通过有目的的活动改造自然对象并在这一活动中改造人自身的过程。

劳动要素

关于劳动要素有不同的理解和解释。马克思曾经明确提出劳动有三个构成要素：劳动过程、劳动对象和劳动资料。在他看来，劳动过程是人满足自己生存和生活需求，使自己获得主体性的过程；劳动对象是劳动得以开展的物质基础和客观条件；劳动资料是人在劳动中创造的，从客观物质世界获取生存资料的手段。当然，这并不意味着，其他如劳动者、劳动产品等要素不重要，只是因为马克思的研究视角不同，使得对劳

① 马克思，2018．1844年经济学哲学手稿[M]．北京：人民出版社：53.

动构成要素的侧重点不同，这三个要素是马克思分析和认识劳动的主要视角，也就是他强调的劳动简单要素。

这里有必要区分一下劳动力和劳动者。劳动力是指人的劳动能力，是蕴藏在人体中的脑力和体力的总和，也是一种特殊的商品。在某些场合，劳动力被看作是具有劳动能力的人；在另外的场合，劳动力也被看作是从事体力劳动为主的劳动者。马克思理论把劳动力分为生产部门的劳动者和非生产部门的劳动者。很显然，劳动力同劳动是有区别的。

劳动者是一个含义非常广泛的概念，它是对从事劳动活动的人的统称，凡是具有劳动能力并以从事劳动获取合法收入作为生活资料来源的公民都可以称为劳动者。当然，要成为合法的劳动者就必须具备一定的条件，从法律意义上讲，劳动者应取得劳动权利能力和劳动行为能力，其主体资格始于劳动者最低用工年龄，终于法定退休年龄。

劳动工具

在劳动过程中，劳动者将自己的劳动通过劳动工具传导到劳动对象上、作用于客观物质世界，从而获取生存资料。所以说，人类劳动是从制造工具开始的，这是人区别于其他动物的标志，是人类劳动过程独有的特征。劳动工具是劳动资料的重要组成部分，原始社会使用的石斧和弓箭、现代社会使用的机器等，都是劳动工具。劳动工具的内容和形式是随着经济社会的发展和科学技术的进步而不断变化的，从过去劳动者依靠自身体力操纵的生产工具，到现在以电子元器件为核心的智能化控制体系，劳动工具日益复杂化、智能化，不断推动着社会生产力的发展。

劳动的分类

简单劳动与复杂劳动

基于价值分析的视角，劳动可分为简单劳动与复杂劳动。简单劳动是指不需要经过专门训练和培养的一般劳动者都能从事的劳动。复杂劳动是指需要经过专门训练和培养，具有一定文化知识和技术专长的劳动者所从事的劳动。也就是说，少量的复杂劳动等于多倍的简单劳动。在相同的劳动时间里，复杂劳动创造的价值大于简单劳动创造的价值。在商品经济条件下，复杂劳动转化为简单劳动，不是商品生产者自觉计算出来的，而是在商品交换过程中自发实现的。

体力劳动与脑力劳动

基于呈现方式的视角，劳动可分为体力劳动与脑力劳动。体力劳动是指以人体肌肉与骨骼的劳动为主，以大脑和其他生理系统的劳动为辅的人类劳动，以消耗体力为主。脑力劳动是指以大脑神经系统的运动为主，以其他生理系统的运动为辅的主体劳动，以消耗脑力为主。当然，人类劳动中体力受脑力的支配，脑力以体力为基础，劳动是二者的结合。体力和智力是劳动力素质的两个不同方面。语言文字是人类对现实的抽象刺激，与之密切联系的神经活动则是第二信号系统，因此脑力劳动是只有人类才具有的运动形式。

重复性劳动与创新性劳动

基于创造性程度的视角，劳动可以分为重复性劳动与创新性劳动。重复性劳动是指不创造新的使用价值，也不用新的方法创造使用价值。创新性劳动是指创造新的使用价值或以新的方法创造使用价值的劳动。它们是对人类劳动现象的新概括，是既对立又统一的关系，也是一对同简单劳动与复杂劳动、体力劳动与脑力劳动虽互有交叉但实质不同的概念。在一定意义上，重复性劳动是对创新性劳动的重复，创新性劳动是对重复性劳动的突破，劳动便在重复、创新、再重复、再创新的过程中发展。

劳动的意义

劳动创造人和人类社会本身

达尔文的进化论从生物学的角度解答了人类起源问题，认为人是由古猿进化而来的。但是，从猿向人的转变绝不是一个纯粹的生物进化的过程。恩格斯指出，劳动在这个过程中起着决定作用。古猿在体质形态和群体结构上的变化，仅仅为人和人类社会的产生提供了自然前提，在“动物式的本能的劳动形式”的长期锻炼中，才完成了手与脚的彻底分工。由于劳动是社会中的劳动，人们在物质生产劳动中结成了一定的社会关系，进而产生了社会。因而，劳动在人类社会发展中具有基础性的作用，是人和人类社会产生的内在机制和现实基础。

劳动实现人的本质的复归

人类的劳动实践，不仅将人与动物区分开来，而且因此证明了人类是有意识的类存在物。人类在劳动实践中不断地发现和掌握自然规律，人的主体性得到进一步彰显，改造自然的能力进一步增强，社会生产力进一步提高，在一定程度上也促进了人对自我需要的认知。随着社会的发展进步，劳动不再仅仅是一种谋生的手段，而成为人们生活的“第一需要”，人们享有充分的劳动自由且可以根据自身需要获得劳动产品，人在劳动过程中肯定自己，催生了人类的精神需求，实现对自己本质的复归。

劳动促进了社会发展进步

不管社会如何演进、科技如何进步、劳动形态和方式如何变化、劳动内容如何丰富，劳动始终是推动人类社会进步的根本力量。人类通过劳动让自己的双手和大脑日臻完善，伴随着劳动技能的不断提高，劳动价值也大幅提高，财富积累逐步增加，社会形态发生深刻变化，人类的生产方式、生活质量不断得到改善。高尔基曾说：“我们世界上最美好的东西，都是由劳动、由人的聪明的双手创造出来的。”我们要尊重劳动、尊重劳动者，让劳动的价值在人类文明发展的长河中永放光芒。

劳动创造了美好幸福生活

马克思主义认为，劳动是人类幸福的源泉。劳动不仅满足人的生存需要，而且促进人的全面发展；劳动不仅改造客观世界，而且改造主观世界，提高人的认识能力；劳动不仅是服务社会、奉献社会的有效手段，而且是实现自我价值、迈向成功人生的正确途径。纵观整个人类社会发展史，就是一部劳动发展史，就是人类用辛勤劳动创造幸福生活的历史。每一位学生，都要增强劳动意识、训练劳动本领。每一位劳动者，都要进一步焕发劳动热情、释放创造潜能。

劳动文化

按照马克思主义劳动观，劳动促进了从猿到人的进化，促进了工具的创造和使用，促进了火的使用，促进了从猿脑到人脑的进化，促进了农业、畜牧业的出现，促进了手工业、近代工业的发展，促进了高科技时代的到来。请根据本任务的学习内容，结合历史知识，并查阅相关资料，绘制一幅“劳动创造历史路线图”，可以采用思维导图，也可以绘制时间轴图，形式不限。

劳动文化之我见

身体力行

作为一名职业院校的学生，正处在从青少年向成人过渡的特殊时期，面对紧张的知识学习、技能训练，以及未来的岗位竞争和职业发展，学会做好学习和实践计划、职业规划是非常重要的手段。请结合本任务的学习内容为自己制订一份学期劳动实践活动计划，就本学期内将要开展的劳动事项做一个统筹，以便合理安排你的学习和实践活动。下面请为自己本学期劳动实践活动计划做相应的设计。

制订本学期劳动实践活动计划			
活动目的	1．帮助学生树立正确的劳动意识，有计划地做出劳动安排。 2．帮助学生养成良好的劳动习惯，培养乐业好学的劳动品质。 3．帮助学生提高学习和实践的计划性，增强对未来职业发展的规划性。		
时间区间	＿＿＿年＿＿月＿＿日～＿＿＿年＿＿月＿＿日		
价值理念	你对劳动持什么态度或者说你如何看待劳动？请为此拟一句朗朗上口的口号作为你的劳动价值理念。		
目标设计	你准备为自己设定一个什么样的劳动目标？		
活动安排	请根据自己的实际情况，制订一个科学合理的劳动实践活动安排，并做好总结。		
	时间	关键主题及简要内容	是否完成

拓展阅读

焊花世界的“领头雁”

“电焊工作看似简单，可想要焊出好活却不容易，要想学精吃透需要付出百倍艰辛。”这是中车资阳机车有限公司焊工、高级技师钟俊林经常说的一句话。

1991年，钟俊林从技工学校毕业后参加工作，被分配到资阳内燃机车厂一分厂铆焊车间工作。从此，他便把全部心血和汗水倾注在机车焊接事业上。30年多来，他从一名普通工人成长为首席技能专家，先后获得国务院政府特殊津贴、四川省劳动模范、中国高铁工匠、首届四川工匠等荣誉。2020年11月24日，钟俊林获得“全国劳动模范”荣誉称号。

在钟俊林身上，体现了干一行、爱一行、精一行的敬业精神，展示了技术都是练出来的职业成长之道。他在焊接岗位上，处在高温、高热、油污的环境，忍受着高辐射、浓烟的熏烤，承受着脸部和手臂常被烫伤的风险，凭着一股坚韧的拼劲和刻苦钻研，练就了过硬的技术本领。他为了找到新的焊接操作方法，经常在下班后躲在工装班角落里用废料反复练习断弧焊的手感。他说：“不怕做错，就怕不做、少做，实践经验越多，焊枪拿在手上才能越稳。”在钟俊林的手臂上，有着密密麻麻的烫伤疤痕，这是他30多年勤学苦练的写照。

钟俊林不仅在工作中精益求精，他还大胆革新技术，不断创新焊接工艺。由于有效解决了焊接难题，他在新产品和新型机车试制中成绩斐然，为公司节约了生产成本。他开发的自动化焊接项目使生产效率提高了30%，每年节约成本98万元。“和谐号电力机车零部件本地化制作工艺研究”获省“创新创效金点子”优秀成果奖，节约成本150余万元。

钟俊林每年都开展各类焊接工艺培训、特殊工种培训、技能

【思考】

钟俊林认为自己成功的秘诀在于“坚持，再坚持”。对此，你有何看法？

竞赛培训等，把自己的知识和经验毫无保留地传授给其他工人，培养了一批“专业精、技能强”的专业人才。

（资料来源：作者根据网络相关资料整理改编而成。）

学习感悟

情境再现	电影《桥》讲述了这样一个故事：1947 年冬，东北某铁路工厂为支援解放战争，接受了抢修松花江铁桥的任务，铁路工厂的工人们响应上级号召，克服一系列困难，群策群力，积极投身修桥工作，终于在松花江解冻之前将大桥修复好，塑造了新中国主人公的崭新形象。这部影片是新中国摄制的第一部长篇故事片，尽管表现手法不够成熟，但却第一次在银幕上正面展示了工人阶级的形象。
请观看该影片，并结合本任务的学习内容，做好如下总结思考。	
学习收获	从该影片和本任务的学习内容中，你收获了什么？
自我启发	结合该影片和本任务的学习内容，谈一谈新中国劳动者应具有什么品质，这些品质对你有何启发？
学思感悟	请你结合所学的专业，思考一下应如何规划自己未来的职业。

任务二　马克思主义劳动观

学习目标

1. 了解马克思、恩格斯关于劳动的阐释，理解习近平总书记关于劳动的重要论述。
2. 掌握科学的马克思主义劳动观，深刻理解劳动教育的内在逻辑。
3. 激发学生诚实劳动、勤勉劳动的内在热情和劳动品质。

案例探究

车间里走出“国家级技能大师”

在广西汽车集团有限公司有一位“国家级技能大师”，他叫郑志明，系该集团装备制造技师、首席技能专家、国家级技能大师工作室负责人。他是从生产一线成长起来的知识型、技能型、创新型产业工人的优秀代表。

1997 年，职高毕业后的郑志明走进了广西汽车集团有限公司，在生产一线当钳工。他一门心思苦练技术，持之以恒地进行训练，将钳工技能练得炉火纯青，即使在肉眼难以觉察的微观工作面，他也练就了游刃有余的本领——他能将手工锉削平面的零件尺寸误差控制在 0.005 毫米以内；能将手工划线钻孔的位置度误差控制在 0.05 毫米以内。这么高的精度，令人叹为观止。

郑志明还在繁忙的工作之余挤出时间学习新技术、追踪前沿技术。他从机器人编程、控制技术学起，不懂就问、四处请教，从不懂到懂、从懂到专到精，啃下了一系列“硬骨头”，实现了向智能化、数字化转型。20 多年来，他始终坚守奋战在生产一线，凭借着精湛的技术，带领团队先后自主研制完成 500 多项工艺装备，交付使用 1 200 多台（套）工艺、工程装备，参与设计制造了 10 多条先进的自动化生产线，解决了生产和设备出现的各种问题……为企业稳步发展做出了突出贡献。

【思考】

郑志明扎根基层，在平凡的工作岗位上努力创造不平凡的业绩。对此，你有何感想？

他也因此从普通技师成为高级技师、专家、高级专家、首席专家、国务院特殊津贴专家、国家级技能大师，被评为全国劳动模范、全国优秀共产党员。

（资料来源：作者根据网络相关资料整理改编而成。）

知识领悟

马克思的劳动价值论

马克思对社会生产关系或物质利益关系的研究从分析商品开始。他认为，商品是用于交换的劳动产品，商品能够进行交换首先必须具有使用价值，即具有有用属性，对别人有用是交换的前提。两种不同的使用价值在进行交换时形成一个量的比例，这就是交换价值。然而，两个不同的使用价值能够相互比较需要找到一个可通约的东西，即在生产它们的过程中都耗费了体力劳动和脑力劳动，都有无差别的人类劳动耗费，这就是交换的基础，亦即价值实体。

为了进一步阐述商品二因素的源泉，马克思分析了生产商品的劳动特点，阐述了劳动二重性。马克思指出："一切劳动，一方面是人类劳动力在生理学意义上的耗费；就相同的或抽象的人类劳动这个属性来说，它形成商品价值。一切劳动，另一方面是人类劳动力在特殊的有一定目的的形式上的耗费；就具体的有用的劳动这个属性来说，它生产使用价值。"① 由此可见，社会财富，不论是价值形态还是使用价值形态，都是劳动创造的。

沿着劳动价值论的逻辑，马克思揭示了资本积累的本质，洞悉了资本主义社会的内在矛盾及其制度的不合理性，证明了资本主义社会必然会被共产主义社会所代替，指出了工人阶级的世界历史使命。按照马克思的思路，群众的物质生产实践创造了巨大的物质财富，群众的思想活动创造了源源不断的精神财富，在历史上一切伟大的活动中，如果能够唤起群众更高的热情，伟大的历史活动就会在群众的伟大力量中取得成功，群众就是历史的创造者。

劳动价值论指导了社会主义制度建设。社会主义是以按劳分配为主的社会制度，维持按劳分配为主的所有制的制度基础是以生产资料公有制为主体。在社会主义条件下，人们所得到的收入应该以劳动者为社会提供的劳动为基础而获得，不劳动者不得食，

---

① 中共中央马克思恩格斯列宁斯大林著作编译局，2004．资本论：第一卷 [M]．北京：人民出版社：60.

同时，让广大劳动者获得就业的机会，落实他们通过劳动获得收入的政策，使广大人民群众有更高的工作和生活热情，实现共同富裕。

马克思的劳动观

按照马克思主义理论，劳动是人类的本质活动，置于基础、本源乃至中心地位；同时，劳动既是一种历史观，也是一种价值观。劳动作为产生价值的人类运动、维持自我生存和发展的唯一手段，其目的不仅仅是为了生存的需要，更是为了在征服和改造自然的过程中获得自由，从自由中领略幸福美感，从而获得精神满足。如果没有劳动，也许世界上至今没有人类；如果没有劳动，人们不可能有今天这样丰富的生活；如果没有劳动，人类也无法获得满足感、幸福感和尊严感。马克思曾经将劳动视作他真正的、活动的财产，因为他认为，劳动是自由的生命表现，是生活的乐趣，他在劳动中肯定了自己的个人生命，从而也就肯定了他的个性特点。

在马克思看来，“劳动过程，就我们在上面把它描述为它的简单的、抽象的要素来说，是制造使用价值的有目的的活动，是为了人类的需要而对自然物的占有，是人和自然之间的物质变换的一般条件，是人类生活的永恒的自然条件，因此，它不以人类生活的任何形式为转移，倒不如说，它为人类生活的一切社会形式所共有。”[①] 当然，如果从一般历史层面过渡到具体社会层面时，劳动在不同的社会关系中就具有不同的社会属性：在奴隶社会和封建社会，物质生产劳动不仅受到自然必然性的限制，而且受到政治依附关系的强制；到了资本主义社会，物质生产劳动虽然摆脱了政治依附关系的强制，但又形成了新的强制，即屈从于剩余价值生产的经济强制，使其沦为一种雇佣劳动；到了社会主义社会，随着公有制的建立，资本主义的剥削制度将被消灭，劳动摆脱了剩余价值生产的经济强制，转化为满足人的生存和发展需要的社会劳动，而分配方式也随之转化为按劳分配；到了共产主义社会，劳动将摆脱自然必然性（即满足人类生存需要的劳动）和经济必然性（即受剩余价值生产这种外在目的支配的劳动）的双重限制，从手段上升为目的本身，实现手段和目的的高度统一，转化为“人类生活的第一需要”，成为每个人自由全面发展的内在尺度。

按照马克思的观点，整个所谓世界历史不外是人通过人的劳动而诞生的过程，是自然界对人来说的生成过程。人在改造自然、形成社会关系的过程中也在完善和发展

---

① 中共中央马克思恩格斯列宁斯大林著作编译局，2004. 资本论：第一卷 [M]. 北京：人民出版社：215.

自身。人在劳动过程中，通过与自然和社会发生关系，展示并创造自我，最终实现自我价值。当劳动者的劳动权利真正被尊重、劳动的价值被彰显且劳动的价值及劳动的权利能由劳动者自己所支配的时候，和谐的劳动关系才能坚如磐石，人的自由全面发展、社会的全面进步才能最终实现。

恩格斯的劳动观

恩格斯在《劳动在从猿到人的转变中的作用》一文中提到："因此，我们的祖先在从猿过渡到人的好几十万年的过程中逐渐学会的使自己的手能做出一些动作，在开始时只能是非常简单的。最低级的野蛮人，甚至那种可以认为已向更近乎兽类的状态倒退而同时躯体也退化了的野蛮人，也远远高于这种过渡性的生物。在人用手把第一块石头做成石刀以前，可能已经过了一段漫长的时间，和这段时间相比，我们所知道的历史时间就显得微不足道了。但是具有决定意义的一步迈出了：手变得自由了，并能不断掌握新的技能，而由此获得的更大的灵活性便遗传下来，并且一代一代地增加着。"[①] 在恩格斯看来，劳动推动猿类逐渐进化，使得机体成熟、语言形成、脑部发育，最终创造了自然意义上的人。

当然，劳动在推动猿进化为人之后，并不意味着劳动就此停止了。相反，由于社会成员间的联系日益紧密，人与人之间的社会关系愈发密切，劳动不断进行新的发展，尽管在不同民族、不同时代的发展程度和发展方向有所不同，但经过一代又一代人的实践，随着一些新的因素出现并发展，劳动不断得到丰富完善，出现了日益成熟的具体产业形态，民族和国家逐渐形成，各种意识形态也发展起来，人类社会形成并由低级走向高级。劳动不仅使人具有了社会性，而且进一步推动了人类社会的形成、发展和变革。

在未来社会，劳动于人而言，不再是一种谋生手段，而是人类实现自由解放与全面发展的现实途径。随着劳动的发展，人利用自然和改造自然的能力增强，社会的现实生产力会不断提高，劳动者的劳动能力提升、劳动时间减少、自由时间增多，促使劳动者有更加充裕的自由时间去做自己想做的事情，进而充实和发展自己。在这样的背景下，生产劳动不再是奴役人的手段，而成了解放人的手段，给每一个个体的人、每一个劳动者提供了全面发展和表现自己才能的机会，生产劳动也因此从一种负担变

① 恩格斯，2018. 自然辩证法 [M]. 中共中央马克思恩格斯列宁斯大林著作编译局，编译. 北京：人民出版社：305.

成一种快乐。从这个意义上来讲，劳动必然促进人的解放，并将人的自由全面发展作为最终的价值指向。

人的自由全面发展不是建造在空中楼阁中，而是必然根植于现实生活之上，劳动解放不仅要以一定的物质条件为基础，还需要劳动者自我解放意识的觉醒。这就既需要理论学习，更需要劳动教育。所以，恩格斯抨击当时社会存在的为机器生产需要而简单粗暴地培植工人片面的技能，反对这种造成工人终身从事一个专业的畸形发展，他主张将生产劳动与教育紧密结合起来，通过教育促使年轻人快速地熟悉整个生产劳动系统，使得他们可以根据社会需要、自己的理想诉求和个人爱好，从一个生产部门转到另一个生产部门，摆脱简单的社会化分工给每个人所造成的劳动片面性，这样既能充分发挥他们的才能，又能促使成员得到全面发展。

习近平总书记谈劳动

党的十八大以来，习近平总书记的一系列关于劳动的重要论述，回答了新时代为何依然需要劳动、需要什么样的劳动、如何看待劳动者的地位、如何构建和谐的劳动关系、应弘扬哪些关于劳动的精神等问题，继承、丰富、发展了马克思主义劳动理论，是马克思主义劳动理论中国化的最新成果。

习近平总书记多次礼赞劳动创造，讴歌劳模精神、劳动精神、工匠精神，勉励广大劳动者勤于创造、勇于奋斗。

2013 年 4 月 28 日，习近平总书记在同全国劳动模范代表座谈时的讲话中指出："劳动是财富的源泉，也是幸福的源泉。人世间的美好梦想，只有通过诚实劳动才能实现；发展中的各种难题，只有通过诚实劳动才能破解；生命里的一切辉煌，只有通过诚实劳动才能铸就。劳动创造了中华民族，造就了中华民族的辉煌历史，也必将创造出中华民族的光明未来。"①

习近平总书记还指出："人民创造历史，劳动开创未来。劳动是推动人类社会进步的根本力量。幸福不会从天而降，梦想不会自动成真。实现我们的奋斗目标，开创我们的美好未来，必须紧紧依靠人民、始终为了人民，必须依靠辛勤劳动、诚实劳动、创造性劳动。"②

---

① 习近平．习近平在同全国劳动模范代表座谈时的讲话 [N]．人民日报，2013-04-29（2）．

② 同①。

2015 年 4 月 28 日，习近平总书记在庆祝“五一”国际劳动节暨表彰全国劳动模范和先进工作者大会上的讲话中指出：“劳动是人类的本质活动，劳动光荣、创造伟大是对人类文明进步规律的重要诠释。‘民生在勤，勤则不匮。’中华民族是勤于劳动、善于创造的民族。正是因为劳动创造，我们拥有了历史的辉煌；也正在因为劳动创造，我们拥有了今天的成就。”[①] 由此可见，人类是劳动创造的，社会是劳动创造的，劳动成为推动人类社会进步的根本力量。沿着中华民族的伟大发展历程来看，热爱劳动已经成为深深植根于中华民族血脉的精神基因，正是因为勤于劳动、善于创造的中华民族生生不息的劳动创造，才使我们拥有闪耀人类社会历史的辉煌，拥有今天令世界瞩目的成就，也必将继续创造出中华民族的光明未来。

如今，我国虽然在经济建设和社会全面进步上取得巨大成绩，成为世界第二大经济体，但要实现中国梦、成为社会主义现代化强国、让人民过上更加美好的生活，依然任重而道远，需要我们每一个人继续付出辛勤劳动和艰苦努力，所以说新时代是干出来的。

纵观人类社会发展史，小到一个家庭，大到一个国家、民族，劳动是一切幸福的源泉。为此，作为新时代的劳动者、青年学子，要在全面建设社会主义现代化国家新的伟大征程中，通过劳动体现价值、展现风采、感受快乐，在平凡岗位上续写不平凡的故事，用自己的辛勤劳动为经济社会发展贡献更多力量，在继往开来、接续奋斗中托起中国梦。

劳动文化

中华民族是一个有着光荣劳动传统的伟大民族。数千年来，中国人民用辛勤的劳动改造世界，创造财富，改善生活，发展文明。在我国浩如烟海的文化典籍、诗词歌赋、书画作品中，都有劳动者的身影，都有很多劳动的场景。请选择自己最喜欢的一件作品进行解读，阐释你的观点，谈谈你的感悟。

① 习近平．习近平在庆祝“五一”国际劳动节暨表彰全国劳动模范和先进工作者大会上的讲话 [EB/OL]．(2015-04-28) [2022-05-12]．http://www.xinhuanet.com/politics/2015-04/28/c_1115120734.htm．

劳动文化之我见

身体力行

为了进一步提高学生寝室管理质量，促使学生养成良好的生活习惯，营造一个整齐、干净、舒适的寝室环境，学校计划在下周开展优秀寝室评选活动，要求必须做到整齐、干净、规范、舒适。下面请认真开展“整理寝室内务”活动，并做好相应记录。

“整理寝室内务”活动	
活动目的	1. 掌握基本的劳动技能、劳动程序。 2. 体会劳动的艰辛，培养吃苦耐劳的精神。 3. 增强劳动责任感，培养做事有条理、认真细致的习惯。
活动时间	________年____月____日
活动地点	你的宿舍房间号是________
活动准备	你认为整理寝室内务工作应做好哪些准备？
活动过程	在整理寝室内务过程中，你主要做了哪些工作？
活动安全	在整理寝室内务过程中，需要注意哪些安全问题？

拓展阅读

马克思写作《资本论》

《资本论》是马克思一生科学研究的成果，是马克思主义发展史上一部划时代的巨著，是马克思主义的“百科全书”，被誉为“工人阶级的圣经”。

马克思之所以要写作《资本论》，是有一定时代背景的。1842～1843年，马克思担任《莱茵报》主编期间，经常需要对物质利益问题及社会主义、共产主义思潮发表意见，这对他而言是一件“难事”。在研究思考这些“难事”的过程中，马克思敏锐地观察到这些问题都根源于社会的物质关系或生产关系，这触发了他系统研究政治经济学的决心，以便到其中寻找问题答案。

1850年，经过多年漂泊后，马克思来到了伦敦。当时拥有世界最丰富最珍贵图书资料的大英博物馆是马克思几乎每天必到的地方，该博物馆的阅览室成了他写作《资本论》的场所。马克思博览了从古代到他那个时期的各种著作，涵盖哲学、历史、法学、文艺、农业等领域1 500本以上的图书。为了能看懂资料，他还努力学习法语、意大利语、西班牙语等，甚至晚年还学会了俄语。

为了写作《资本论》，马克思每天坚持到大英博物馆去看书，查阅资料，20年如一日，图书馆员称马克思是他在阅览室工作20年间所遇到的最勤奋和最准时的读者。

1867年9月，前后花费马克思25年心血的《资本论》的第一卷德文第一版在德国汉堡正式出版。马克思于1883年逝世后，恩格斯则继承了马克思未完成的事业，整理出版了《资本论》第二卷（1885年5月）和第三卷（1894年10月）。这部盛满马克思和恩格斯无穷智慧的伟大巨著，耗费了马克思和恩格斯的大量心

【思考】

马克思倾注毕生心血写作《资本论》，为我们树立了理论研究的典范，你从中学习到了什么？

血，是他们用勤奋和辛劳乃至生命奉献给世界无产阶级的宝贵精神财富，揭示了资本主义生产关系的本质和资本主义生产方式的运动规律和历史趋势，是建设社会主义市场经济的理论指南。

（资料来源：作者根据网络相关资料整理改编而成。）

学习感悟

情境再现	2009 年，有一部献礼新中国成立 60 周年的影片《铁人》，采取时空交错叙事的手法，把我国石油工人优秀代表——20 世纪 60 年代的“铁人”王进喜和现代“铁人”刘思成的形象搬上银幕，再现了中国石油工人的奋斗历程。故事讲述了“铁人”王进喜的感人事迹，塑造了那一代石油工人的坚毅形象，也描绘了新的历史时代条件下新一代石油工人的风貌和精神世界，展现了两代石油工人之间的精神传承与对话，生动地表现了“铁人”精神的继承和发扬。
请观看该影片，并结合本任务的学习内容，做好如下总结思考。	
学习收获	从该影片和本任务的学习内容中，你收获了什么？
自我启发	这些收获对你的专业学习有何启发？
学思感悟	“铁人”王进喜有句名言：“宁可少活二十年，拼命也要拿下大油田。”对此，你有何理解？在未来的劳动和工作中应该如何践行？

任务三　新时代的劳动教育

学习目标

1. 了解新时代劳动教育的基本内涵、关键特征和主要内容。
2. 培养正确的劳动观念，弘扬积极的劳动精神。
3. 把握新时代育人导向，引导学生以创造性劳动报效国家、奉献社会。

案例探究

带领乡亲一起奔小康的支部书记

2005 年，地处广西十万大山腹地的广西防城港市上思县叫安镇百包村，是出了名的贫困村，人均年收入不足千元。2005 年 8 月，党员黄天党当选百包村党支部书记，面对百包村的父老乡亲，他庄严地承诺："我有信心让支部强起来，让乡亲富起来，全面奔小康！"

上任伊始，他带领村两委班子成员走遍了 18 个自然屯 30 个村民小组，逐户调研，制订了产业发展计划。为了打通脱贫致富的堵点，他从修路开始，反复到县城寻求资金支持，亲自拿铲挥锹，带领群众与施工队一起干。为了让乡亲们找到挣钱的路子，他带头扩大甘蔗种植面积，蹚出一条路之后，乡亲们纷纷加入甘蔗种植的行列。为发展生态种养产业，花甲之年的他硬是把一座 50 亩的荒山开垦了出来，率先种起了澳洲坚果、牛大力，养牛、养鸡、养蜂等养殖业也逐渐发展起来，百包村成为上思县少有的特色种养村。

经常挂在黄天党嘴边的一句话是"村里的事情很多，一刻都不敢停下来哦！"在他的带领下，村两委干部齐心协力，全体村民努力奋进，百包村构建起多样化的产业支撑，村容村貌发生了翻天覆地的变化，昔日的贫困村蜕变为现在的先进村，

【思考】

黄天党对父老乡亲的承诺做到了，曾经的贫困落后村变成了致富先进村，你从中看到了什么？

先后获得国家级、省级和市级荣誉十余项。黄天党也被授予自治区优秀党务工作者、自治区劳动模范、自治区脱贫攻坚好支书、全国劳动模范等荣誉称号。

（资料来源：作者根据网络相关资料整理改编而成。）

知识领悟

2020年3月，中共中央、国务院印发了《关于全面加强新时代大中小学劳动教育的意见》，为构建德智体美劳全面培养的教育体系，就加强新时代大中小学劳动教育提供了基本依据和工作规范。

新时代劳动教育的内涵

劳动教育是中国特色社会主义教育制度的重要内容，直接决定社会主义建设者和接班人的劳动精神面貌、劳动价值取向和劳动技能水平。因此，要把劳动教育纳入人才培养全过程，贯通大中小学各学段，贯穿家庭、学校、社会各方面，与德育、智育、体育、美育相融合，紧密结合经济社会发展变化和学生生活实际，积极探索具有中国特色的劳动教育模式，创新体制机制，注重教育实效，实现知行合一，促进学生形成正确的世界观、人生观和价值观。要充分发挥学校的主导作用、社会的支持作用，在系统的文化知识学习之外，有目的、有计划地组织学生参加日常生活劳动、生产劳动和服务性劳动，让学生动手实践、出力流汗，接受锻炼、磨炼意志，培养学生正确劳动价值观和良好劳动品质。

实施劳动教育的总体目标，旨在通过劳动教育，使学生能够理解和形成马克思主义劳动观，牢固树立劳动最光荣、劳动最崇高、劳动最伟大、劳动最美丽的观念；体会劳动创造美好生活，体认劳动不分贵贱，热爱劳动，尊重普通劳动者，培养勤俭、奋斗、创新、奉献的劳动精神；具备满足生存发展需要的基本劳动能力，形成良好劳动习惯。

新时代劳动教育的特征

实践性

劳动教育不同于其他知识性、理论性课程的学习，不能仅仅是关于劳动的说教，而应是以劳动活动为载体的教育，在劳动实践中让学生接受教育并得到锻炼。所以，新时代的劳动教育要吸引和组织学生积极参加和他们所处年龄阶段相适应的力所能及的各种劳动活动，让学生在这些劳动活动中得到相应的教育。劳动教育必然蕴含着有目的地改造世界的感性物质活动，其常规的教学方式是“做中学”“学中做”，经由直接而具体的劳动体验来促进学生观察与反思，提高他们的劳动知识、劳动技能和劳动素养。

整体性

新时代的劳动教育是国民教育体系的重要内容，具有鲜明的整体性特征。一方面，劳动教育承担的任务不是孤立的，而是贯穿到教育的每个阶段、每个过程，是完整的、系统的、全面的，需要从整体上对学生在某阶段的发展目标进行设计并彼此衔接；另一方面，劳动教育是由劳动观念、劳动能力、劳动知识、劳动精神、劳动习惯和劳动品质等各个部分组成的一个有机体，各个部分之间又相互关联、相互制约。只有充分发挥各个部分的作用和功能，并加强各个部分之间的相互配合和相互渗透，才能达成教育目标。

协同性

劳动教育作为一种以实践为主体的教育活动，它是一个复杂的系统性社会行为，需要各领域、各部门之间的有效协同。为了开展好劳动教育，职业院校不仅要加强学校、教育主管部门、社会力量之间的协同联动、彼此配合，还要加强学校、任课教师、相关教育工作者及学生之间的相互协同、相互合作，这样才能形成统一的工作体系，打造全员育人机制，共同发挥教育合力。学生要全身心地投入劳动实践，感受具有时代特点的真实的劳动环境，提升劳动技能，体悟劳动力量。

主体性

一方面，学生是劳动教育的主体，在劳动教育中应充分赋予学生自主活动、自主选择、自主发展的空间，教师通过有目的、有计划、有组织的引导，让学生得到较为全面的发展。另一方面，开展劳动教育的目的是培养学生的日常生活劳动能力、生产劳动能力、服务性劳动能力等，重点在于促进学生学会生活、学会生存、学会关心和学会创造，强调在劳动实践过程中培育创新精神和劳动自觉性，展现劳动教育的育人魅力和生命活力，提高学生的主体意识和能力，凸显其主体性特点，促进学生的全面发展。

创造性

我们已经进入大数据智能化时代，随着新一代科学技术的飞速发展，新产业、新职业、新岗位正在不断产生，任何一个劳动者都要适应科技发展、产业变革和工作世界的变化，追踪新兴技术和社会服务新变化，提高创造性劳动能力。要善于通过劳动实践活动，调动各方力量，运用互联网新媒体手段，在科学探究、创新设计、亲历实践、劳动奋斗的过程中形成正确的马克思主义劳动观、劳动素养和劳动品质，培养创造性劳动能力，成为适应国家和时代发展需要的社会主义建设者和接班人。

文化性

劳动不仅创造灿烂文化，而且是在特定文化背景下实现的。一方面，劳动教育存在于一定的文化谱系中，在某种程度上代表了对个体的价值引导和建构，其价值追求反映了特定社会与时代的文化理想，体现了文化的内在精神及价值理想。另一方面，劳动教育又是文化丰富与发展的动因，所有物质形式或者非物质形式的劳动成果，既是满足功利性目的的实际生活需要，也是借助物质形式或精神形式反射自我的景象，表征着自我的生存需要和生命意志，创造与丰富着物质文化和精神文化。

新时代劳动教育的价值

新时代劳动教育要科学回答“培养什么人”“怎样培养人”“为谁培养人”的根本问题，作为职业院校的学生，要围绕以下三方面争做时代新人。

争做有崇高理想的时代新人

新时代劳动教育是落实立德树人根本任务的有效载体。作为新时代的青年学子，要通过劳动实践认清劳动的本质、理解劳动的内涵，形成正确的世界观、人生观和价值观，增强社会责任感，将个人成长与国家发展相结合，把坚定马克思主义理想信念、树立共产主义远大理想和中国特色社会主义共同理想作为出发点和落脚点。学生要积极参与劳动实践活动，通过动手实践、出力流汗、接受锻炼、磨炼意志，引导学生形成正确劳动价值观和良好劳动品质，充分体会劳动创造美好生活，体认劳动不分贵贱，培养勤俭、奋斗、创新、奉献的劳动精神，形成马克思主义劳动观。学生要在劳动实践中树立劳动意识，培养劳动情怀，加强劳动精神、劳模精神、工匠精神的熏陶，养成热爱劳动、崇尚劳动、尊重普通劳动者的习惯，在劳动体验中涵养德行、升华人格。

争做有专业本领的时代新人

新时代劳动教育把劳动与建设中国特色社会主义相联系。伴随生产力的发展和社会的进步，劳动世界及劳动形态发生重大变革，劳动新业态日渐增多，既为广大职业院校学生施展才华、成长成才提供了广阔的空间，也对全面提高劳动素质提出了更高要求。广大学生唯有练就过硬本领，成为知识型、技能型、创新型的高素质劳动者，才能担当起社会主义建设的重任。广大学生要系统开展日常生活劳动、生产劳动和服务性劳动的训练，培养自己从事专业化生产的技术技能，增强自己适应社会的生存能力和自理能力，培养自己的社会责任感和奉献精神，塑造自己作为社会主义建设者和接班人必须具备的基本品质。要明白劳动创造财富和价值的内在逻辑，积极开展与提升劳动者综合素质相关的知识、技能、思维等的学习，做到学思用有机结合，增长本领，提升能力，为将来走向社会奠定基础。

争做有责任担当的时代新人

新时代承载新使命，新使命呼唤新担当。在实现中华民族伟大复兴的历史进程中，每一位学生都是书写者、创造者。作为新时代的青年学子，要在劳动实践中理解、认同马克思主义劳动观，在担当中历练，在尽责中成长，强化使命担当，增强社会责任感和历史使命感。通过辛勤劳动、诚实劳动、创造性劳动以及职业体验和各种实习实训，弘扬劳动精神，塑造劳动品格，崇尚劳动、尊重劳动，增强对劳动人民的感情，以实际行动报效国家、奉献社会。要在改造客观世界的同时，不断改造自己的主观世界，全面提升自己的综合素养，在知行合一中锻炼能力，树立正确的择业观，为满足新时代人民对美好生活的向往而奋斗。要正确理解和把握马克思主义的世界观和方法论，树立担当的信念与勇气、自信与意志，执着奋斗、自强不息，做新时代的奋进者、开拓者和奉献者。

劳动文化

“劳动创造美”是马克思主义美学中的一个经典命题。“劳动最美丽”是劳动美学在新时代的新体现、新表达，也是劳动创造高品质生活的生动实践。劳动美学是一门研究劳动活动中的审美关系和美的规律的科学，展示劳动美的价值与人类生存理想的关系，研究劳动者的审美意识、劳动过程的审美特征、劳动产品的审美形式等重要内容，尤其是以劳动主体和劳动活动的审美属性作为研究的核心。为了展现“劳动美”，你可以选择从劳动创造美的对象、劳动将人改造为审美主体两个维度切入，围绕你身边的人、事、场景等，拍摄一幅或一组能够契合新时代劳动者对劳动美学的认知能力和审美水平的照片，表达你对劳动美学的理解，并向同学们进行展示，叙述有关它的故事，传递“劳动之真”、“劳动之善”与“劳动之美”，颂扬其中蕴含的社会价值、时代价值和实践价值。

劳动文化之我见

身体力行

乡村振兴战略是党的十九大报告中提出的战略，是建设现代化经济体系的重要基础，是实现全体人民共同富裕的必然选择。为进一步助力乡村振兴战略，学校准备利用本地资源优势，创造性地开展劳动实践教育，将于下周组织你所在专业的学生走进农业产业园、特色田园乡村，走到田间地头，体验农耕文化。下面请你结合即将开展的“助力乡村振兴战略”实践活动，做好出发前的思考和活动记录。

<table>
<tr><th colspan="3">“助力乡村振兴战略”实践活动</th></tr>
<tr><td>活动目的</td><td colspan="2">1．将理论与实践相结合，从书本回归到现实，加强实践经验。
2．深入了解乡村振兴战略部署，增强责任与担当意识。
3．调研乡村发展，为提升自身能力、服务地方做好充分准备。</td></tr>
<tr><td>活动时间</td><td colspan="2">________年____月____日</td></tr>
<tr><td>活动地点</td><td colspan="2"></td></tr>
<tr><td>基本认识</td><td>你了解乡村振兴战略吗？对此你有何认识？</td><td>作为一名新时代职业院校的学生，你是否希望回到家乡，将学到的知识为服务乡村振兴贡献力量？</td></tr>
<tr><td>活动记录</td><td colspan="2">你参加的具体体验活动有：</td></tr>
<tr><td>活动总结</td><td colspan="2">请你为此次活动写一份总结（300 字）。</td></tr>
</table>

拓展阅读

太行山上的新愚公

“李保国同志 35 年如一日，坚持全心全意为人民服务的宗旨，长期奋战在扶贫攻坚和科技创新第一线，把毕生精力投入到山区生态建设和科技富民事业之中，用自己的模范行动彰显了共产党员的优秀品格，事迹感人至深。李保国同志堪称新时期共产党人的楷模，知识分子的优秀代表，太行山上的新愚公。广大党员、干部和教育、科技工作者要学习李保国同志心系群众、扎实苦干、奋发作为、无私奉献的高尚精神，自觉为人民服务、为人民造福，努力做出无愧于时代的业绩。”

这是习近平总书记对河北农业大学教授、博士生导师李保国同志先进事迹作出的重要批示。

李保国生前主要从事山区开发与经济林栽培技术推广工作，把太行山区生态治理和群众脱贫奔小康作为毕生追求。他每年深入基层 200 多天，让 140 万亩荒山披绿，创建了山区生态开发模式，实现了经济社会与生态效益同步提升，技术推广面积 1 826 万亩，培育了 16 个山区开发治理先进典型，带领 10 万农民脱贫致富，被村民誉为“太行山上的新愚公”。由于常年高强度的工作，李保国积劳成疾，于 2016 年 4 月 10 日凌晨突发心脏病，经抢救无效去世，享年 58 岁。

作为河北省省管专家，李保国生前始终奋战在科技兴农、扶贫攻坚和教书育人第一线，在服务人民中实现自身价值，把论文写在了广袤的燕赵大地，先后取得研究成果 28 项，获得省部级以上奖励 18 项。突出的贡献让他先后获得的省级荣誉称号有：河北省特等劳模、河北省有突出贡献的中青年专家、河北省科学技术突出贡献奖、河北省十大农业技术推广专家、河北省山区开发先进个人、河北省中青年骨干教师、燕赵楷模等。他先后获得

【思考】

李保国把自己变成农民的扶贫教授，把农民变成致富专家。你从他的事迹中学习到了什么？

的国家级荣誉称号有：全国先进工作者、全国科技兴村先进个人、全国师德先进个人、全国绿化奖章、全国优秀科技特派员等。

去世后，李保国又被追授“河北省优秀共产党员”“全国优秀共产党员”“时代楷模”“全国优秀教师”等荣誉称号，入选100名改革开放杰出贡献对象，被授予“人民楷模”国家荣誉称号，被评选为“最美奋斗者”。

（资料来源：作者根据网络相关资料整理改编而成。）

学习感悟

情境再现	2021年，深圳市总工会制作了一部庆祝“五一”国际劳动节的影片《工夫》，聚焦奋斗在深圳各条战线上的普通人，通过7个饱含深情的并列式“故事”，讲述了平凡的人生、简单的故事、真挚的感情，反映奋进与劳作、梦想与坚持，阐述深圳时光、深圳精神、深圳发展之间的关系，彰显个体与伟大时代的共鸣。
请观看该影片，并结合本任务的学习内容，做好如下总结思考。	
学习收获	从该影片和本任务的学习内容中，你收获了什么？
自我启发	作为新时代的追梦者，影片中不同战线上普通人的奋斗故事对你有何启发？
学思感悟	影片《工夫》中有句台词：“那些你特别在乎的人，一定看得到你的付出和努力。”对此，你有何理解？

主题二
领悟劳动精神

故天将降大任于是人也，必先苦其心志，劳其筋骨，饿其体肤，空乏其身，行拂乱其所为，所以动心忍性，曾益其所不能。

——节选自《孟子·告子下》

清平乐·村居

［宋］辛弃疾

茅檐低小，溪上青青草。
醉里吴音相媚好，白发谁家翁媪？
大儿锄豆溪东，中儿正织鸡笼。
最喜小儿亡赖，溪头卧剥莲蓬。

课程思政教学要点

【思政教学目标】

1．帮助学生正确理解劳模精神、劳动精神、工匠精神的科学内涵。

2．教育引导学生用劳模精神、劳动精神、工匠精神的崇高精神和高尚的道德品质鞭策自己，焕发劳动热情，将辛勤劳动、诚实劳动、创造性劳动作为自觉行为，培育学生践行社会主义核心价值观。

【思政教学要点】

1．劳模精神、劳动精神、工匠精神的科学内涵。

2．劳模精神、劳动精神、工匠精神培育的时代价值。

【思政教学内容】

1．在学生中弘扬劳动精神，教育引导学生崇尚劳动、尊重劳动，在劳动实践中体会与探究劳动精神的科学内涵和时代价值。

2．通过劳动服务他人的高尚情怀，促进学生将劳动的内在精神、思想、观点与外在的行为、动作、活动高效率相互转化。

【思政教学设计】

劳模精神、劳动精神、工匠精神凝结着中华民族的优秀品德，闪烁着时代发展的耀眼光辉，其内涵在长期实践中不断得到丰富和发展。劳模精神、劳动精神、工匠精神各有侧重，但其精神内核是一致的。

本主题重点介绍劳模精神、劳动精神、工匠精神的科学内涵和时代价值，通过案例探究、人物介绍等，引导学生从初步认知到情感认同，最后落实于具体实践中，引导学生自觉践行社会主义核心价值观，用劳模精神、劳动精神、工匠精神的崇高精神和高尚的道德品质鞭策自己，焕发劳动热情，厚植工匠文化，恪守职业道德，将辛勤劳动、诚实劳动、创造性劳动作为自觉行为，使学生自觉在劳动中创造价值，在为党和人民的事业奋斗中实现自己的人生价值。

围绕劳动模范、大国工匠、时代楷模人物开展案例熏陶教育，教育引导学生以他们为榜样，崇尚劳模，淬炼品格，谱写新时代的劳动者之歌。

围绕社会志愿服务劳动教育活动实行服务性劳动教育，在对他人、学校和社会公益岗位的服务中，增强学生的共情能力、服务意识和服务技能。

任务一 培育劳模精神

学习目标

1. 帮助学生理解劳模精神的科学内涵。
2. 能够理解新时代培育劳模精神的时代价值。
3. 引导学生继承和培育劳模精神，并落实于社会主义核心价值观的践行中。

案例探究

匠心独运的“机电神医”

重庆长安汽车股份有限公司维修电工、高级技师、电气高级工程师刘源，被誉为“机电神医”。

刘源大专毕业后进入长安汽车公司成为一名电工，凭着他对维修技术的钻研和热爱，他攻克了一个又一个技术难题，成为“中华技能大奖”“国家技能人才培养突出贡献奖”的获得者，入选“重庆英才•技术技能领军人才”。2020年11月，刘源被授予“全国劳动模范”荣誉称号。

在刘源30多年的职业生涯里，维修已经成为他生活不可分割的一部分。有时，他仅仅凭着一把螺丝刀，就能判断出电机传动系统的故障，别人对传动系统翻来覆去检修了几天也没找到的故障点，他在传动系统内部构造图纸上画一个瓶盖大小的圈就找到了症结所在。他用精湛的技术制定了一个个进口设

【思考】

面对技术瓶颈，刘源誓做“破壁人”。他常常说：“有疑惑就要马上问、马上记。”对此，你有什么看法？

备的故障维修方案，为汽车制造保驾护航。这些年来，刘源已经习惯了担任维修工作的“急救队队长”，常年奔波于重庆与外地之间，参与长安各厂重大设备故障抢修百余次。

他曾经凭着创造性设置扭力预警系统为企业减少经济损失约400万元。他主持完成了40余个技术革新项目，为多个设备降低了60%以上的故障率。

（资料来源：作者根据网络相关资料整理改编而成。）

知识领悟

劳模及劳模精神

劳模

劳模是劳动模范的简称。《现代汉语词典》（第7版）中对“劳动模范”的解释为：“我国授予在生产建设中成绩卓著或有重大贡献的先进人物的一种光荣称号。”劳模是社会主义建设事业进程中的中流砥柱，他们不仅是先进生产力的代表，更是思想政治上的模范。

新中国成立后，国家级劳模每五年评选一次，他们具有很强的政治性和先进性，具有广泛的代表性和群众性。1950～2020年，我国先后召开了16次表彰大会，表彰了全国劳动模范和先进工作者超30 000人次。

劳模精神

劳模精神是劳动模范通过劳动行为和道德风范的体现得以表彰认可，是劳模在社会实践中所展现的价值观念、道德风范、精神面貌和行为准则的高度统一，并且能浸润到广大劳动者的思想行为中，为人们所接受和认同，并表现出思想上的持久性、动力上的一致性和行为上的倾向性。劳模精神是劳动模范身上的优良品质彰显出的强大精神力量和独有的时代价值，不仅激励了广大劳动者向劳模看齐的劳动热情，还有力地推动了职业道德的高标准建设。劳模精神是一种时代精神，无论是在实现自给自足的抗战时期，还是在脱贫攻坚全面建成小康社会时期，劳模精神在不同的历史时期都发挥着不可替代的作用。

劳模精神的科学内涵是“爱岗敬业、争创一流、艰苦奋斗、勇于创新、淡泊名利、甘于奉献。”

劳模精神的科学内涵

（1）爱岗敬业、争创一流

“爱岗敬业、争创一流”是劳模精神的本质特征。马克思认为，劳动是人类的基本活动。“爱岗敬业、争创一流”的根本是劳动，劳模精神也是通过劳模的具体劳动行为来体现的。爱岗敬业作为一种崇高的职业道德，是各行各业的劳动者都应该遵循的基本原则和必须具备的基本品质，因此它是成为劳动模范的先决条件。“爱岗敬业、争创一流”是指广大劳动者在自己的岗位上，干一行、爱一行、悟一行、专一行、精一行，紧跟时代步伐，淬炼劳动技能，增强干事创业本领，提高抵御风险的能力，创新工作方式方法，力求在平凡的岗位上做出不平凡的成绩。新时代，劳模精神体现在不仅敢于和自身比、同行比，还要负有责任感和使命感，勇于同世界领先水平比，争创一流，推动社会主义建设的脚步不断向前。

（2）艰苦奋斗、勇于创新

“艰苦奋斗、勇于创新”是劳模精神的品质体现。中华民族源远流长的发展史就是中国人民的艰苦奋斗史。艰苦奋斗作为中华民族的传统美德，是一代又一代劳动人民在生产实践中所展现出的坚持不懈、自强不息精神的生动诠释。新时代，艰苦奋斗的劳模精神与时俱进，不断推动中国特色社会主义事业的发展，是实现中华民族伟大复兴历史征程中的精神动力。面临以现代科学技术为核心的发展新纪元，创新能力是民族进步的灵魂、经济竞争的关键，用创新灵魂占据主要地位，以创新思维发展新技术，是民族发展和国家兴旺发达的动力之源。因此，对于创新思维的培养是培育新时代劳模精神的重点，对于创新型领军人物的培养是产业持续发展的基础要求。新时代，劳动者在劳动实践过程中展现出来的辛勤劳动、诚实劳动、创造性劳动的优良品质，也是对“艰苦奋斗、勇于创新”精神的继承与发展。

（3）淡泊名利、甘于奉献

“淡泊名利、甘于奉献”是劳模精神的价值追求。淡泊名利，是指个人不被名利束缚、耐得住清贫、守得住初心的崇高精神境界，是一种高尚的品德修为，也是中华民族传统美德的优良传承。淡泊名利是传统义利观的集中体现，“君子爱财，取之有道”的传统价值观引导人们在“利”面前把“义”作为首选价值标准。淡泊名利也是中国共产党领导下涌现出的劳模们的崇高精神追求和正确价值取向。甘于奉献是一种大公无私、心甘情愿、默默坚守的高尚品德，在工作中抛除私心杂念，在平凡的岗位上默默奉献，以集体利益为先，将个人利益置后。“淡泊名利、甘于奉献”代表了劳模精神最崇高的思想境界，体现出每一位劳动模范共同的义利观和价值观。劳动模范在自身平凡的岗位上兢兢业业创造非凡成就的过程中，从一线员工到行业先锋的角色变换中，从舍弃小我到成就集体利益的取舍中，始终坚持无私奉献的崇高精神和对党和人民赤胆忠诚的使命担当。

劳模精神培育的时代价值

劳模精神是丰富民族精神和时代精神内涵的重要内容

劳模精神作为民族精神的继承和时代精神的具体表现，赋予民族精神和时代精神双重色彩。20 世纪 30 年代劳模概念发源至今，在各行各业涌现出的劳动模范在自己的岗位上，形成了“爱岗敬业、争创一流、艰苦奋斗、勇于创新、淡泊名利、甘于奉献”的劳模精神。培育和崇尚劳模精神有利于广大人民群众焕发劳动热情、养成劳动习惯、崇尚劳动美德。因此，大力培育劳模精神、崇尚劳模精神是以爱国主义为核心的民族精神和以改革创新为核心的时代精神的生动体现，弘扬劳模精神是丰富民族精神和时代精神的重要途径，是鼓舞全党全国各族人民接续奋斗、砥砺奋进的强大精神动力。

劳模精神是建设公民道德和践行社会主义核心价值观的重要体现

劳模精神是社会主义核心价值观的生动演绎，是引领中华民族伟大复兴的宝贵经验财富和强大的精神源泉。加强新时代劳模精神培育，有利于帮助学生塑造劳动人格，重构劳动认同，焕发劳动热情，激发创造潜能，有利于引导学生积极践行社会主义核心价值观，投身于社会主义现代化建设，注入持续不断的创造活力。劳模精神不仅为广大劳动者提供道德引领和精神支柱，而且对于广大学生更具有感召力、引领力和激励效能。随着人民对社会主义道德与法治建设有了更高的理解与要求，劳动模范身上展现的劳模精神为广大劳动人民树立了模范典型，起到了引领和示范的作用，推动了我国公民道德建设的步伐。

劳模精神是推动实现中华民族伟大复兴中国梦的精神引领力量

新时代青年是党和国家的未来，是社会主义事业的建设者和接班人，需要具有坚定的信念、强大的精神力量、执着的追求作为接续奋斗的精神支撑和力量源泉。劳模精神折射出时代精神的内涵，具有鲜明的社会主义意识形态属性和中华民族特性，为推进中国特色社会主义现代化建设和实现中华民族伟大复兴的中国梦提供永葆生机的精神动力。作为新时代学生，要继续传承劳模精神，自觉把个人理想融入家国梦想之中，为建设社会主义现代化国家贡献力量。

劳动文化

在新中国的光辉历史上，我国各行各业涌现出成千上万的先进模范人物。一个时代有一个时代的劳模，一个劳模就是一面旗帜。请查阅课外资料，用时间轴绘制出新中国成立以来不同发展阶段我国劳模精神的演化过程。

劳动文化之我见

身体力行

在新时代的背景下，作为职业院校学生，要积极发挥主观能动性，积极践行新时代劳模精神，拿好社会主义建设者的接力棒。请利用假期接触社会的机会磨炼意志、锻炼才干，将劳模精神融入日常实训和企业实践中，并结合自身专业，在教师的指导下，参与一次“致敬劳模·岗位实践”主题劳动教育活动，同时做好实践过程记录和总结。

<table>
<tr><th colspan="4">“致敬劳模·岗位实践”主题劳动教育活动</th></tr>
<tr><td>活动目的</td><td colspan="3">1. 走进企业感受劳模精神，将劳模精神融入企业实践中。
2. 参与劳动体验，掌握劳动程序，提高劳动技能。
3. 培育新时代劳模精神。</td></tr>
<tr><td>实践时间</td><td colspan="3">_____年___月___日～_____年___月___日</td></tr>
<tr><td>实践企业</td><td colspan="3"></td></tr>
<tr><td>实践岗位</td><td colspan="3"></td></tr>
<tr><td>致敬劳模</td><td colspan="3">试着采访实践企业的劳模、劳动能手或技术标兵等，将他们的先进事迹记录下来。</td></tr>
<tr><td rowspan="5">实践安排</td><td colspan="3">根据你的实际情况，请制订一个科学合理的实践安排表。</td></tr>
<tr><td>实践日期</td><td>实践内容</td><td>实践成效</td></tr>
<tr><td></td><td></td><td></td></tr>
<tr><td></td><td></td><td></td></tr>
<tr><td></td><td></td><td></td></tr>
<tr><td>实践总结</td><td colspan="3"></td></tr>
</table>

拓展阅读

陶瓷业开出“银莲花”

范银莲是山西省忻州市忻府区兰村乡西曲村人，由于纯朴的民风和父母的严格教导，她从小就养成了勤劳朴实的性格。

2008 年，范银莲在山西高陶瓷业有限公司找到了一份工作。虽然是一名普通的装窑工人，但她在枯燥的装窑岗位上一干就是两年。凭着在工作中的勤勤恳恳、任劳任怨，她收获了不少奖项。由于成绩突出，范银莲在 2011 年被安排到施釉工段，一干就是十多年。施釉是整个陶瓷生产的最后一道工序，也是技术含量很高的一道工序，主要是对产品进行装饰。由于对工作的热爱，范银莲刻苦学习施釉工段的所有操作技能，渐渐地她对 18 道工序的作业方式了如指掌，成为公司为数不多的全能型操作能手。2012 年，她在忻府区劳动竞赛委员会举办的技能大赛中获得了“操作能手”的称号。

此后，范银莲被任命为不脱产班组长。考虑到给陶瓷施釉是最难和最重要的一道工序，必须全身心投入，还要细心、耐心，为了减少不良情绪对工作的影响，范银莲将“情绪化”管理引入班组管理活动中，及时调整大家的工作班组和岗位。由于领导有方，范银莲起到了带头作用，班组工友在这位“知心大姐”的带领下协作精神大大提升，工作效率大大提高。在生产工作中，她注重加强重点环节和薄弱环节的监督检查，并制定相应措施，保证班组生产运行安全稳定，产量、消耗、安全三项指标名列前茅。公司产品全部出口，范银莲班组所产出的商品代表了真正的“中国质量”，得到了国外经销商的广泛赞誉。

除了技术工作外，范银莲还积极为职工争取各种权益，用实际行动为职工办实事、办好事，获得了大家的认可和好评。2016 年，范银莲当选山西省十三届人大代表、山西省总工会十三、

【思考】

“作为一名技术工人，过硬的技术就是看家本领。”范银莲的故事让你领悟到了什么？

十四届代表；2017 年，她当选忻州市总工会第二届委员会委员、第十届委员会常务委员……2020 年，她荣获“全国劳动模范”荣誉称号。

（资料来源：作者根据网络相关资料整理改编而成。）

学习感悟

情境再现	《我和我的祖国》这部电影通过 7 个小故事——前夜、相遇、夺冠、回归、北京你好、白昼流星、护航，串联起祖国的 7 个大事件，讲述了 7 组普通人与祖国大事件相关的经历，通过小人物来见证大时代，是新中国成立 70 周年的献礼大片。
请观看该影片，并结合本任务的学习内容，做好如下总结思考。	
学习收获	从该影片和本任务的学习内容中，你收获了什么？
自我启发	结合该影片和本任务的学习内容，谈一谈影片中 7 个故事中不同时期的劳动者体现出的高尚品质，对你有何启发？
学思感悟	结合前面你给自己制定的职业规划，思考作为职业人应该培育和具备怎样的职业素养？

任务二　弘扬劳动精神

学习目标

1. 理解劳动精神的科学内涵。
2. 掌握新时代职业院校学生劳动精神教育的基本内容。
3. 激发学生自觉培养勤俭、奋斗、创新、奉献的劳动精神。

案例探究

港口装卸一线走出的“铁人”

有一双手，粗糙宽厚、骨节粗大、青筋突出……这是一双装卸如山货物、打造港口品牌的全国劳动模范李玲东的双手。

2003 年，李玲东在大连开启了港口装卸的工作生涯，成为辽港集团大连港散杂货码头公司的一名装卸工。他扎根一线、兢兢业业，坚持每天提前 2 小时到岗、最后一个离岗。他是埋头苦干的“拼命三郎”，是同事们敬重的“铁人”。他的这双手将创新的种子埋入土壤，不论严寒酷暑，撑起港口装卸的一方天地；他的这双手让工匠精神生根发芽，不知疲倦地担负着港口建设的重任。李玲东先后荣获大连市劳动模范、辽宁省劳动模范、全国五一劳动奖章、全国劳动模范等荣誉。

在码头公司，李玲东从装卸工干起，将自己全部精力放在一线装卸作业上，在生产实践中摸爬滚打，每逢作业便冲在前面，硬是把装卸干成“精品”活儿，他先后担任装卸班长、副队长、队长，是装卸队伍里名副其实的敢打硬仗的“虎将”。在他的带领下，班组的装卸效率连续多年遥遥领先，装卸计划超额完成，重点船、重点舱也不再是难点。

李玲东除了舍得出力流汗外，还刻苦钻研技术，先后提出了10 余项生产工艺革新方案，让螺纹钢货种的吊装作业效率提高

【思考】

“既然认准了这个岗位，就要干出个名堂。”李玲东的事迹对你有何启发？

了 17%，让新型网络大米装船作业效率提高了 150%……作为团队的“主心骨”，李玲东担当起劳模应有的责任和使命。

（资料来源：作者根据网络相关资料整理改编而成。）

知识领悟

劳动精神的科学内涵

马克思用“太阳”来比喻劳动，说整个人类社会都在围绕它旋转，将劳动视作创造价值的唯一源泉。劳动创造了财富，也砥砺着精神。新时代劳动精神的科学内涵在内容上继承了中华民族传统劳动观念及马克思主义劳动观，是劳动者在从事劳动实践过程中形成的劳动观念、劳动态度、劳动情感、劳动品质，展现出的劳动者精神风貌。

中华民族的先民们凭借勤劳的双手，日复一日，年复一年，在中华大地上耕耘着、创造着，用辛勤的汗水与博大精深的智慧开启了灿烂的中华文明。中国人民在中国共产党的领导下，自力更生、发愤图强、解放思想、锐意进取，用汗水和心血浇灌着劳动的果实，实现着人生的价值。伟大的事业需要伟大的精神。为此，弘扬劳动精神教育既是人类劳动实践的应然之需，又是我国时代发展的必然之选。

新时代学生劳动精神教育的基本内容

新时代劳动教育的总体目标之一是“培养勤俭、奋斗、创新、奉献的劳动精神”，这就让“核心八字”成为开展学生劳动精神教育的基本内容。

勤俭：勤俭节约优良作风教育

勤俭节约是中华民族的优秀传统美德。自古以来不仅被视为个人品德，而且一直是放到治国理政的高度去看待的，如“克勤于邦，克俭于家”“奢靡之始，危亡之渐”“成由勤俭败由奢”等。勤俭节约的优良作风秉持崇尚节俭、反对铺张浪费、统筹科学规划、开源降本节流，是国家发展和社会进步的实际需要和有效需求。新时代学生要树立厉行节俭、反对奢靡浪费的优良作风，不仅要珍惜劳动成果的来之不易，而且要传承中华民族的传统美德。因此，大力倡导勤俭节约的优良作风教育，是职业院校学生劳动精神教育中为实现中华民族伟大复兴中国梦而培养接续力量的客观要求。

奋斗：艰苦奋斗意志品质教育

艰苦奋斗是中华民族千百年来的民族底色。无论是在中华民族的发展历史中，还是在新中国“站起来”“富起来”“强起来”的革命建设进程中，艰苦奋斗精神作为民族精神发挥了无可替代的作用。新时代学生是在和谐稳定的社会环境中成长起来的，开展艰苦奋斗的意志品质教育是引导学生不能贪图安逸，拒绝“摆烂”“躺平”，积极追求进步，勇于攻坚克难，让奋斗成为青春最亮最美的底色。倡导艰苦奋斗的传统美德，是在劳动精神教育中激励学生笃实前行、彰显拼搏精神的必然之举。

创新：创新创业知行合一教育

创新是具有鲜明时代特征的劳动精神。创新作为有效促进国家发展和民族振兴的动力源泉，是新时代劳动精神培育的基本素养。因此，培养掌握新技术、攻克新难题、谋求可持续发展的时代新人，成为新时代劳动精神教育的新篇章。引导学生要树立守正创新、争创一流、自强不息的创新创业意识，把简单的工作做到“超群出众”，把复杂的工作做到“出类拔萃”，把创造性的工作做到“独创一流”，不断推陈出新、练就过硬本领，用创新劳动奋勇争先答好创新驱动发展的“时代考卷”。

奉献：敬业奉献职业道德教育

奉献是具有社会主义特征的劳动精神。培育新时代学生的敬业奉献意识，是职业道德教育的基础环节，既要涵养爱岗敬业的责任心，又要凝结乐于奉献的敬业情。乐于奉献，就是在平凡的岗位上恪尽职守，正确认识和处理“小我”“大我”“忘我”的关系，通过平凡的劳动创造不平凡的价值。教育引导学生敬业奉献，树立正确的职业观、择业观，敢于到艰苦地区和特殊行业工作的奉献精神，勇于面对重大危机迎难而上的奋斗精神。

劳动文化

劳动是成功的必由之路，劳动是创造价值的唯一源泉。在中华大地上，千千万万的劳动者以高度的主人翁责任感、卓越的劳动创造、忘我的拼搏奉献，在平凡的岗位上做出了不平凡的业绩。“两弹元勋”邓稼先、“时代楷模”黄大年、太行山上“新愚公”李保国……一个个在本职岗位上奉献一生的优秀人才，用生命点燃中国发展力量；外卖骑手宋增光、“拉面匠”韩木海买、“小砌匠”邹彬……一个个在平凡岗位上书写精彩人生的普通劳动者，无不发扬着勤于劳动、勇于奋斗的精神。他们心有灵巧画笔，绘就波澜壮阔的梦想宏图；他们手握精密刻刀，雕出气吞万里的锦绣河山。在中华民族伟大复兴历史征程中成就人生价值，书写无上荣光。

为了在广大学生中牢固树立“劳动最光荣、劳动最崇高、劳动最伟大、劳动最美丽”的观念，进一步激发实干兴邦的劳动热情和创造激情，现在学校准备开展一次“闪亮的名字·榜样的力量”主题演讲活动。你将代表班级参加这次活动，请选择一位你敬仰的劳动模范，通过查阅相关资料，以“闪亮的名字”为题用文字为他绘制一幅劳动者画像，介绍他的光荣事迹，刻画他的优秀品格，并以“榜样的力量”为他撰写200字以内的介绍词。

劳动文化之我见

闪亮的名字

榜样的力量

身体力行

走进敬老院的志愿服务，对于弘扬中华民族尊老敬老的传统美德，构建和谐美好社会有着重要意义。敬老院是职业院校学生参与社会服务、在公益劳动中孕育劳动精神的重要实践场所。请你结合个人实际认真开展一次“走进敬老院”主题劳动教育活动，并做好相应记录。

“走进敬老院”主题劳动教育活动	
活动目的	1．弘扬中华民族尊老敬老的传统美德，倡导“奉献、友爱、互助、进步”的志愿精神。 2．通过给老年人送温暖、做清洁卫生等活动，营造和谐温暖的社会风气。 3．尊重每一代劳动人民，增强社会责任感和使命感。
活动时间	________年____月____日
活动地点	
活动准备	你认为走进敬老院，应该提前做好哪些活动准备？
活动过程	你在敬老院主要进行了哪些活动？
活动总结	通过参与此次活动，你有哪些心得体会？

拓展阅读

不服输的“打工妹”刘家秀

2002年，29岁的安徽姑娘刘家秀，从家乡的小县城来到了人人羡慕的大上海。她刚到上海时，口袋里只有不到100元。那时她在一家服装厂担任质检员。

她白天上班，晚上就在学习班里学习缝纫技术。为了胜任管理岗位，她几乎每个周末都到电大学习，先后拿到了大专和本科学历。通过刻苦努力，仅仅用一年半的时间，她从车间工人做到了车间主任，开始管理近300人的团队。8年之后，她成为这家服装厂采购部门的管理者。

机会永远垂青于有准备的人。如今的刘家秀已经从纺织行业转到了成套电气行业，担任上海上科电器集团的办公室主任。环境变了，岗位变了，但是她“较劲”的性格没有变。她在担任公司工会主席期间，公司装配车间铜排组的成员在工作中发现，电气柜右侧进线柜母排走向存在一定的工艺问题，于是她带领同事们成立了攻关组，经过坚持不懈的努力，攻关组最终攻克了难题，改造出的新型电气柜有效地为企业节约了成本。

2012年，刘家秀被选为上海市第十四届人民代表大会代表。虽然身处国际化大都市，但她依然关注乡村振兴议题。听说有的农村道路还没有路灯，村里的老人半夜不敢出门，她就一个人跑去调研，用双脚丈量农村道路的宽度是否符合装路灯的要求。她的议案因为有逻辑、有例证而被采纳，最终促成了奉贤农村道路路灯的安装。

她先后荣获上海市五一劳动奖章、全国五一劳动奖章、上海市优秀农民工、全国劳动模范等荣誉，并于2021年5月成为一名光荣的预备党员。她说，她要用自己的经历和行动影响更多和她一样的普通农民工，做好事情，做好自己，为城市建设

【思考】

刘家秀说：“要在国际化大都市立足，唯一的捷径就是不走捷径。”你从中学习到了什么？

出力。

（资料来源：作者根据网络相关资料整理改编而成。）

学习感悟

情境再现	电影《秀美人生》以全国优秀共产党员、时代楷模、感动中国 2019 年度人物、最美奋斗者、原广西百色乐业县百坭村第一书记黄文秀同志为人物原型，真情讲述了 27 岁的她研究生毕业之后，放弃大城市的工作机会，毅然回到家乡，在脱贫攻坚第一线倾情投入、热血奉献，带领 88 户 418 名贫困群众脱贫。2019 年 6 月 17 日凌晨，心系扶贫事业的黄文秀不顾狂风暴雨，连夜返回乐业县开展工作，不幸遭遇山洪，献出了宝贵而年轻的生命。她用青春芳华诠释共产党人的初心使命，谱写新时代青春之歌的动人故事。
请观看该影片，并结合本任务的学习内容，做好如下总结思考。	
学习收获	从该影片和本任务的学习内容中，你收获了什么？
自我启发	作为新时代职业院校学生，该影片对于自己未来的职业观、择业观有何启发？
学思感悟	结合该影片和本任务的学习内容，思考培育劳动精神应该从哪些方面践行？

任务三　传承工匠精神

学习目标

1. 了解新时代工匠精神的科学内涵。
2. 掌握新时代职业院校学生工匠精神培育的内容。
3. 引导学生自觉培育、传承和践行新时代工匠精神。

案例探究

将铣床作为最好朋友的大国工匠

1983 年，刘湘宾办完了退伍手续，20 岁的他离开了军营，进入中国航天科技集团九院某厂，成了一名铣工。

转换了身份的刘湘宾，一入职就给自己定下了目标：一年内必须达到并超过同龄技校生的水平。这对于没有学习过机械加工专业的他而言，压力可想而知。为此，刘湘宾白天跟着师傅学习操作技术，晚上则把时间用在理论学习上。那段时间，他的包里每天都放着技术书籍，看不懂就记下来，找准时机就向师傅请教。直到现在，每当提起刘湘宾，他的师傅都会想起他那股迎难而上、肯钻肯学的劲头，说“有他这样的徒弟是我的骄傲”。

他凭着这股子执着劲，在工作中不断拼搏努力，对任何产品的加工，不管是普通的铣方、钻孔，还是超精密铣削加工、超精密镗铣加工，他都不放过任何一个细节，始终能高质量、高效率地完成。就这样，刘湘宾很快便掌握了精深的操作技术，成为工厂机械加工的技术骨干。在近 40 年的工作中，他解决了诸多生产难题：通过 74 次反复试验攻克了铝基复合材料难加工、精度难保证的难题；通过改进重点型号传统加工方案将生产效率提高 3 倍以上……

【思考】

“既然工厂把任务交给了咱，咱就一定要把它干好。”你从刘湘宾的事迹中得到什么启发？

因出色的业绩，刘湘宾先后被评为航天技术能手、陕西省劳动模范、全国技术能手、航天贡献奖获奖者、陕西省“三秦工匠”等。2020 年，荣获“中国质量工匠”荣誉称号；2022 年 3 月，获得 2021 年“大国工匠年度人物”荣誉称号。

（资料来源：作者根据网络相关资料整理改编而成。）

知识领悟

新时代工匠精神的科学内涵

新时代工匠精神在传承以“精雕细琢、崇尚精巧、敬重天道师道合一”为主旨的传统工匠精神基础之上，同新时代精神碰撞迸发出新的火花。新时代工匠精神是由新时代产业工人从事工作时所践行的一种行为表现和职业价值取向，这种表现和职业价值取向展示出劳动者对于自身职业的高度认同感和内化于心、外化于行比较稳定持久的精神品格。

认知层面：爱岗敬业的奉献精神为内生动力

爱岗敬业的奉献精神作为新时代工匠精神中职业道德规范的基本追求，展现出从业者对本职岗位的自我认同感。“爱岗”作为“敬业”之基石，“敬业”作为“爱岗”之升华。爱岗就是对本职工作有高度认同与高度热情，有踏实肯干、坚持初心、兢兢业业、恪尽职守的工作责任感与职业精神。敬业是对本职工作的道德价值有充分的认知，具有对自身职业的荣誉感，具有将集体利益放在首位的大局意识与奉献意识，它与社会主义核心价值观中的公民个人层面的价值标准高度契合。“工匠”在爱岗敬业奉献精神的引领下，通过点滴日常，练就高超的技能，即通过平凡，成就伟大。

意志层面：执着专注的坚守精神为不竭动力

执着专注的坚守精神是工匠精神的关键要素，着重体现了匠人对待职业岗位的自我专注态度。所谓“初心易得，始终难守”，工匠精神正是对职业初心的执着坚守。执着专注的坚守精神是一名优秀工匠必备的基本职业素养和职业精神，这种执着专注的坚守精神不仅体现在工作者在工作实践中对本职工作专心致志、聚精会神、一丝不苟的全身心投入上，更体现在工作者在岗位上的坚守历练与业精于勤的职业素养上。劳动者通过长时间对本职工作执着坚守的意志磨炼，塑造从一而终、耐心专注的高尚品德，进而实现个人知行合一的职业理想。

态度层面：精益求精的专业精神为强劲动力

精益求精是工匠精神的核心内涵，折射出匠人对待工作质量的追求程度。新时代工匠精神传承了“精湛技艺”的传统工匠精神内涵，结合新时代要求发展为精益求精这一核心要义。如今，“精益求精，追求卓越”依然是工匠精神的灵魂。劳动者在精益求精的工作态度和专业精神的引领下，在平凡的工作岗位长期专攻某个领域，不断提升专业技能，实现自我发展。

信仰层面：守正创新的实践精神为引擎动力

守正创新的实践精神是工匠精神中的最高层次要素，是工匠精神的“匠魂”，它是工匠技艺得以传承发展的稳固基石，是新时代工匠精神对新型工匠的内在要求和必备素养。时代在进步，科技在发展，劳动者不能墨守成规，而是要敢于挑战未知、攻坚克难、精进不休，对创新实践报以高度热情和信心。新时代工匠精神要在传承传统工艺的基础上融合新的技术，在持续钻研与突破中实现个人价值和社会价值，攻克“卡脖子”难题，做走在时代发展前列的开拓者，为“中国创造”贡献新时代新型工匠的奋进力量。

新时代职业院校学生工匠精神培育的内容

爱国主义教育

中共中央、国务院印发的《新时代爱国主义教育实施纲要》中对爱国主义教育进行了高度概括。爱国主义是中华民族的民族心、民族魂，是中华民族最重要的精神财富，是中国人民和中华民族维护民族独立和民族尊严的强大精神动力。爱国主义精神深深植根于中华民族心中，维系着中华大地上各个民族的团结统一，激励着一代又一代中华儿女为祖国发展繁荣而自强不息、不懈奋斗。爱国主义既是民族精神的核心，也是民族团结的精神纽带。围绕教育的根本任务“为谁培养人、培养什么人、怎样培养人”这一问题，爱国主义教育必然成为新时代职业院校学生工匠精神培育的首要内容和重要环节。对工匠精神的传承和弘扬，要求以马克思主义理论中坚定的唯物主义立场表达爱国主义情怀，这是爱国主义中最为本质的含义。职业院校学生作为社会主义现代化建设事业的接班人和后备军，传承和弘扬爱国情怀，以爱国主义为导向培养民族自豪感，涵养学生工匠精神意识，是培育新时代职业院校学生工匠精神的重要思想前提。

创新精神培育

国务院颁布实施的《关于深化高等学校创新创业教育的实施意见》对高校加强大学生创新创业能力提出要求。创新精神作为新时代工匠精神的最新要义是当前职业院校学生最需要具备的能力素养，是民族振兴和社会发展的不竭动力。在“大众创业、万众创新”的双创时代，新时代职业院校学生工匠精神的培育要加强敢于创新、勇于探索、善于实践的精神培育，这些优秀品质是新时代工匠精神的集中体现。高校将创新创业教育始终贯穿于工匠精神培育的过程中，使学生在创新创业教育中充分感受工匠精神培育所带来的充实感、使命感，并在未来的创新实践中积极践行和弘扬工匠精神。

职业道德教育

职业道德是劳动者在生产活动中应该遵循的一种基本职业准则及其表现出来的崇高精神境界。将职业道德教育贯穿于新时代职业院校学生工匠精神的培育过程中，培养学生对职业的认知度、认同感和敬畏感。将职业道德教育浸润到新时代职业院校学生的学习和生活中，注重培养学生爱岗敬业、乐于奉献、坚持不懈、忠于职守的职业价值观和职业道德观，帮助学生深入理解工匠精神的真谛，建构新时代职业院校学生相对完善的职业价值认知体系，协调个人进步、社会发展、国家富强的统一。因此，职业院校在新时代工匠精神培育中要重视引导学生积极践行社会主义核心价值观，树立正确的职业道德观，遵守国家相关职业法规，为未来的职业生涯奠定坚实的职业道德素养。

劳动文化

鲁班，春秋时期鲁国人，出身于世代工匠的家庭，从小跟随家人参加许多土木建筑工程劳动，逐渐掌握了生产劳动的技能，积累了丰富的实践经验。《事物绀珠》《物原》《古史考》等不少古籍记载，木工使用的不少工具都是他发明创造的，如曲尺（也叫矩或鲁班尺）、墨斗、刨子、钻子、锯子等。这些木工工具的发明使当时的工匠们从繁重的劳动中解放出来，劳动效率得到提高，土木工艺出现了崭新的面貌。后来，人们为了纪念这位名师巨匠，把他尊为中国土木工匠的始祖。请根据本任务的学习内容，结合历史故事的启示，思考如何将专业知识融入工作实践，并将想法写出来。

劳动文化之我见

身体力行

非物质文化遗产传承人匠心坚守、精益求精、守本创新的品质承载着中华民族非物质文化遗产的魅力之魂。请你走近身边非物质文化遗产传承人，对话工匠大师，并选取当地特色的非物质文化遗产产品，策划开展一场“对话工匠·传承非遗”线上直播营销活动，传递匠人之心、非遗之美，并做好活动记录和总结。

“对话工匠·传承非遗”线上直播营销活动	
活动目的	1. 走近非物质文化遗产传承人，通过与他们开展对话，深刻领悟工匠精神。 2. 在实践过程中弘扬并培育工匠精神。 3. 利用身边的资源，培养创业意识和创新精神。
直播时间	________ 年 ____ 月 ____ 日
直播平台	
直播选品	
对话工匠	请走近身边的非物质文化遗产传承人，并与其开展对话，将对话内容记录下来。
活动记录	直播浏览量： 直播销售量： 直播成交额：
活动总结	

拓展阅读

"最美公交司机"熊会萍

有这样一名公交车驾驶员，她先后荣获"全国交通运输行业爱岗敬业驾驶员""全省交通运输行业'十行百佳标兵'""湖北省优秀共产党员""湖北好司机""湖北省三八红旗手标兵""湖北省劳动模范""全国三八红旗手""全国劳动模范"等荣誉称号。

这位拥有诸多荣誉的驾驶员就是湖北省襄阳市公交集团二分公司 27 路党支部书记、线路长、驾驶员熊会萍，她是 2020 年交通运输部评选的全国"十大运输服务风范人物"中唯一一名公交车驾驶员。

作为 27 路党支部书记、线路长、驾驶员，为了履行好驾驶职责，熊会萍召集线路党员成立 27 路党员创新工作室，从小事和细节着手，不断改进工作方法和服务态度，有效把"学"的成果转化为"做"的行动。针对特殊乘客推出的"两个必须，五个一点"精细化服务举措受到群众高度评价。"两个必须"，即进站遇残障乘客必须扶、有残障乘客必须等；"五个一点"，即车辆起步慢一点、进站时靠边一点、行车时间均衡一点、路况复杂稳一点、斑马线上让一点。这些要求也在襄阳公交系统得到推广，成了襄阳市每一个公交驾驶员的准则。当了 20 多年公交车驾驶员，熊会萍践行着"简单的事情重复做，就会成为行家；重复的事情用心做，就会成为赢家"的理念，出车 5 400 多次，行车 64 万千米，零违章、零投诉、零事故，每年收到乘客的表扬信超过 20 封。

面对自己的各种荣誉，熊会萍说："公交车有终点，为人民服务没有终点。"她积极为交通绿色发展、保障和改善民生建言献策，在省、市各行业系统宣传贯彻党的十九大精神 60 余场，参会 6 000 余人，起到了强大的辐射带动作用。

（资料来源：作者根据网络相关资料整理改编而成。）

【思考】

熊会萍是"最美公交司机"，你从她的事迹中感悟到了什么？

____

____

____

学习感悟

<table>
<tr><td>情境再现</td><td>《我在故宫修文物》是中央电视台出品的一部文物修复类纪录片，该纪录片记录了修复者在故宫修复书画、陶瓷、漆器、木器、青铜器、宫廷钟表、宫廷织绣、百宝镶嵌等稀世珍奇文物的故事。该纪录片呈现了中国文物修复过程和技术，展现了修复者的劳动技艺与技术，也通过镜头记录了修复者的生活故事。修复者通过自己高超的修复技艺与技术，让一件件文物再一次以完美的状态呈现在大众面前，让文物自己讲述其背后的故事。</td></tr>
<tr><td colspan="2">请观看该纪录片，并结合本任务的学习内容，做好如下总结思考。</td></tr>
<tr><td>学习收获</td><td>从该纪录片和本任务的学习内容中，你收获了什么？</td></tr>
<tr><td>自我启发</td><td>影片中的主人公们用自己的实际行动践行了“择一事，终一生，不为繁华易匠心”的工匠精神。对此，你是如何认识和理解的？</td></tr>
<tr><td>学思感悟</td><td>在你参与的生产劳动实践中，最能体现工匠精神的一次经历是什么？</td></tr>
</table>

主题三

培养劳动能力

黎明即起，洒扫庭除，要内外整洁。

既昏便息，关锁门户，必亲自检点。

一粥一饭，当思来处不易；半丝半缕，恒念物力维艰。

——节选自《朱子家训》

乡村四月

［宋］翁卷

绿遍山原白满川，子规声里雨如烟。

乡村四月闲人少，才了蚕桑又插田。

课程思政教学要点

【思政教学目标】

1．帮助学生认识和理解我国新时代劳动教育的主要内容。

2．通过劳动实践教育引导学生培养自觉劳动、热爱劳动的习惯，使劳动成为一种价值自觉，提高劳动实践的境界层次。

【思政教学要点】

1．党和国家的劳动教育政策。

2．我国传统的优秀劳动文化。

【思政教学内容】

1．在劳动活动中体会与探究劳动在人与社会发展中的文化意蕴及价值。

2．通过劳动服务他人的高尚情怀，促进学生将劳动的内在精神、思想、观点与外在的行为、动作、活动高效率相互转化。

【思政教学设计】

日常生活劳动教育、生产劳动教育和服务性劳动教育构成了新时代我国劳动教育的主要内容，对“三类劳动教育”的体系化设计与实施是落实国家劳动教育政策、提高劳动教育质量的关键。通过沉浸式劳动教育主题实践活动，促进学生劳动能力的提升。

围绕家务劳动教育活动和校园劳动教育活动开展日常生活劳动教育，通过常态化、制度化的劳动教育实践活动，培养学生自觉劳动的意识、习惯和能力。

围绕农业劳动教育活动和工业劳动教育活动开展生产劳动教育，让学生感受劳动创造价值和美好生活，以及劳动创造历史和文化的历程，重在体现劳动与生活、劳动与文化的关联，重在提升学生生产劳动教育的创意能力。

围绕关爱型服务劳动教育活动和公共型服务劳动教育活动开展服务性劳动教育，在对他人、学校和社会公益岗位的服务中，增强学生的共情能力及服务的意识和技能。

任务一　日常生活劳动能力

学习目标

1. 了解劳动能力及日常生活劳动能力的含义。
2. 掌握生活劳动能力培养的途径和方法。
3. 培养学生吃苦耐劳、脚踏实地的劳动品质。

案例探究

破茧成蝶的家政服务业“全国技术能手”

2002 年，王荣荣初中毕业。因为当时家庭比较贫困，作为家中三姊妹中的老大，16 岁的她独自一人背着行囊离开了家乡陕西省安康市汉滨区关庙镇吴台村，去外地打工。进入社会的她，辗转在不同的工作岗位上打零工赚钱，她深感工作和生活的不易。

24 岁，她与爱人步入婚姻的殿堂。原本幸福安稳的生活，却突然因丈夫患上了急性淋巴癌并去世而变得支离破碎。尽管被厄运逼得难以喘息，但她毅然擦干眼泪负重前行。她逐渐认识到掌握一门技能的重要性，于是暗下决心一定要掌握一门技能，以谋求更加长远的发展。

2018 年，王荣荣参加了汉滨区总工会职工技能培训中心为贫困妇女提供的免费技能培训。从此，她正式接触到家政服务行业，由于培训期间的优异表现，王荣荣被康嫂家政公司录用为正式员工。刚开始的时候，她做的是最基础的初级育儿嫂、老年护理、厨嫂等家政服务工作。后来，她经过不断的技能提升，凭借着专业、专注、执着和用心服务，逐渐赢得了客户的信任与口碑，做到了行业内的金牌月嫂，还成为一名培训师。

2020 年 8 月，王荣荣代表陕西省参加全国扶贫职业技能大赛，

【思考】

王荣荣以实际行动书写了“行行出状元”的精彩，彰显了不平凡的人生。她的事迹给了你什么样的启示？

以炉火纯青的技艺为陕西省实现了全国一类职业技能大赛金牌零的突破，成为全国唯一一位被人力资源和社会保障部授予"全国技术能手"荣誉称号的家政服务员。2021年，陕西省人力资源和社会保障厅批准成立王荣荣大师工作室。2022年，她荣获全国五一劳动奖章。

（资料来源：作者根据网络相关资料整理改编而成。）

知识领悟

新时代赋予劳动教育新的特征，提出了新的要求。加强新时代学生劳动能力的培养，有助于形成学生的劳动意识，端正学生的劳动态度，培养学生创新精神和创造能力，提升学生的劳动技能和劳动素养，促进学生成长为德智体美劳全面发展的时代新人，成为国家建设发展的栋梁之材。

劳动能力

劳动能力是一种生存能力

生存能力是劳动能力的一种表现形式。教育既要着眼于提高学生的专业知识水平，又要为学生提供多种形式的生存能力训练和培养锻炼的机会。培养学生的劳动能力，是加强学生素质教育的重要组成部分，是提升学生综合素质的重要环节。

劳动能力也是一种劳动技能

劳动技能与创造财富的贡献度密切相关，但劳动技能价值的大小并不完全取决于劳动者所具有的劳动技能，还与劳动技能使用的环境和条件紧密相关。一般来说，劳动技能包括对专业技术知识要求的掌握，对满足生产岗位作业所需的操作性技能的掌握，以及面对复杂情况的预防、处理能力和水平等。

劳动能力是社会发展的依托

社会的变革与发展，需要有创新精神和动手能力的劳动者。学生劳动能力的培养，要从日常生活的点滴做起，逐步养成爱劳动、会劳动、愿劳动的美德，拥有劳动创造力和创新力。

日常生活劳动能力

生活是劳动教育的源泉

生活世界是劳动教育的学习场所，离开生活世界，劳动教育就成为无源之水、无本之木。因此，要注重从现实生活中取材，创设符合时代发展要求的劳动情景，结合现实生活安排多样化的劳动教育内容，调动学生参与的积极性和主动性，在劳动实践中锻炼学生的劳动技能，切实帮助学生在劳动实践中感知和体悟生活世界的真善美，引导学生树立正确的劳动价值观。

生活劳动能力是生存的基本能力

生活劳动教育，使学生懂得人人都要劳动，感知劳动的乐趣，爱惜劳动的成果，养成热爱劳动、热爱生活的态度；使学生体会到劳动是伟大的，劳动是光荣的，尊重普通劳动者，不断提高劳动自立自强能力；使学生提高生活自理能力，成为一个德智体美劳全面发展的时代新人。

要高度重视学生生活劳动能力的培养

要让劳动教育立足现实生活，符合新时代要求，并为学生走向社会生活提供技能支撑和价值观引领。学生要立足个人生活事务处理，自觉做好宿舍卫生保洁，能够独立处理个人生活事务；要结合开展新时代校园爱国卫生运动，提高学生的劳动自立自强能力；要让学生养成良好的生活习惯，培养和固化良好的劳动习惯，持续提高学生的生活自理能力。

日常生活劳动能力培养途径

将生活劳动与体育教育相结合，培养学生野外生存生活能力

2002 年教育部颁布的《全国普通高等学校体育课程教学指导纲要》要求：“充分利用空气、阳光、水、江、河、湖、海、沙滩、田野、森林、山地、草原、雪原、荒原等条件，开展野外生存、生活方面的教学与训练，开发自然环境资源。”开展野外生存生活训练着重于强调健身性、趣味性和实用性，使学生在增长知识、锻炼身体、陶冶情操之余，学会学习、学会生存、学会做人，促进学生德智体美劳全面发展。

野外生存生活能力的培养可以分为课堂学习和实践活动两部分。课堂学习主要在校内进行，充分运用校内运动场地和其他设施，进行知识传授、体能和心理训练、模拟演习，其主要目的是使学生通过学习掌握体能锻炼的基本方法、野外生存生活的特殊技能和基本常识，以及必须具备的心理素质和团队精神。实践活动主要在校外进行，借助于大自然的环境，精心组织各类专题活动，将校内所学的知识和技能得以运用，重在体验校外实践活动的内涵和享受活动的过程。

野外生存生活训练与体育课程改革相结合，改变了传统体育课程的内容和形式，将生物认知、劳动生活与体育运动相结合，是对自然的挑战、对自我的挑战、对生存极限的挑战。野外生存生活训练集体育、探险、旅游于一体，新颖刺激、神秘莫测，符合学生的兴趣和爱好，有助于培养学生的抗挫折能力、拼搏精神、团队意识、创新意识，对于学生的个性发展有着积极的促进作用。

将生活劳动和美育教育相结合，培养学生对美好事物的感知能力

围绕创新创业这一人才培养的重要突破口，加强劳动教育与“双创”实践的融合，通过跨学科的方式将脑力劳动和体力劳动充分融合，推动以“双创”为导向的创新劳动教育培养和以动手劳作为主的传统劳动课程建设。

例如，以现有课程为基础，积极创新篆刻、木艺、陶艺、漆艺等系列课程。在生活劳动能力培养与养育教育的结合中，使学生从美术学科的角度，看到实物的形状、色彩、艺术性；从物理学科的角度，使学生感受在制作过程中的温度、力量等；从化学学科的角度，使学生看到化学反应等。在培养学生跨学科综合能力的同时，让学生在劳动的过程中体会劳动的美，在美的熏陶下感受劳动的意义。

将生活劳动和家庭劳动相结合，培养学生生活劳动能力

劳动创造未来，劳动成就自我。要大力弘扬劳动教育传统，多视角、多途径地探索劳动教育的空间，丰富劳动教育资源，打造具有校本特色、可持续发展的劳动教育模式，系统推动“五育”融合，促进学生全面而个性的发展，培养德智体美劳全面发展的社会主义建设者和接班人，为建设新时代教育强国贡献力量。

例如，在食堂、苗圃、宿舍楼等区域建设校园劳动实践基地，定期开展系列劳动岗位实践活动。通过举办师生厨艺比赛、义务植树、美食节等贴近生活的劳动实践，结合家庭劳动教育，引导学生在家开展服务自我型劳动、服务家庭型劳动、服务亲友型劳动，提高学生的生活劳动能力。充分发挥校外资源在劳动教育中的作用，搭建劳动实践活动平台，形成生活劳动教育的育人合力。

劳动文化

根据我国劳动力技能缺口的调查报告发现，尽管我国拥有庞大的劳动力资源，但企业仍面临技能型人才供求不平衡的问题，劳动力技能缺口正在阻碍我国创新创业的发展。对于职业院校的学生来说，我们在校学习的职业技能成为劳动技能，是我们所掌握的特定职业的基本知识、专业知识和技能技巧，让我们成为应用型人才，并在市场的历练中逐渐成长为专业人士。请根据本任务的学习内容，结合自己的专业，思考如何提升自己的劳动技能并列出提升计划清单。

劳动文化之我见

身体力行

饮食文化是中国传统文化的重要组成部分。通过对中华传统美食的制作，学生不但能享受到生活的美好，还能体会到劳动的乐趣，提高学生的动手能力和创新能力。请你结合中国传统节日习俗，选择包汤圆、包粽子、制作月饼等传统美食，进行一次美食制作体验活动；也可以制作一道拿手美食与同学分享。要求：写出制作过程、展示操作图片或视频，最后将自己的成功秘诀分享给同学们。

美食制作体验活动	
活动目的	1. 掌握基本的美食制作技巧，包括食材的选择、调料的选用、制作的方法等。 2. 体会制作美食的快乐，在活动中培养创新精神、审美能力、鉴赏能力。 3. 增强动手能力，养成不怕吃苦、不怕脏和不怕累的好习惯。
美食名称	
体验时间	________年____月____日
体验地点	校内第二课堂□　　家里□　　其他□
准备工作	请列出美食制作所需要准备的食材或器具。
制作过程	请列出美食制作的过程或步骤。
注意事项	在制作美食的过程中，有哪些需要特别注意的问题？
成功秘诀	请将成功的秘诀分享给同学们。

拓展阅读

劳动课融入日常生活情境

上海市开展劳动教育课程建设是比较早的。1988 年，上海市编制了全市中小学劳动技术学科课程标准，率先将劳动技术学科纳入小学、初中、高中阶段的基础课程，先后完成了 14 册从小学到高中劳动技术教材。

如今，按照螺旋上升、循序渐进的教育逻辑，上海的大中小学整体设计各学段的劳动教育内容。例如，上海市曹杨第二中学（以下简称“曹杨二中”）重构课程体系，面向未来需要开设了十几门劳动技能课程，高一年级开设了“环保工程”课程，高二年级引入了上海交通大学、上海同济大学等知名高校的“单片机与机器人”“机械制图 CAD”等课程，建设了轨道交通实验室、汽车实验室等 6 个特色化的劳动技能实验室，学生可以自己编程控制小火车运行，可以自己拆卸和组装新能源汽车……该校党委书记说，经过他们多年持续的努力，着力创新变革“劳动教育”课程，逐渐形成了“学劳模—懂尊重—强本领—重实践”四级劳动教育课程链，曹杨二中的学生在现代技术的学习和实践中增长了本领，磨砺了品质，提升了现代劳动素养。

劳动教育也纳入上海市各大高校的人才培养方案，与专业教育、通识教育和创新创业教育有机结合，不断拓展劳动实践基地，如都市农业、先进制造、现代服务、文化创意等领域。上海市某高校副校长介绍他们的经验时讲道，以体力劳动为主，以服务性劳动和创新性劳动为核心的实践课程“云超市”，让学生自主选择，线上下单，线下实践，大受欢迎。该校的“千村调查”项目已经连续开展 12 年，“田间课堂”等劳动实践课程让学生真正扎进田间地头进行劳作。

新时代劳动教育正在突破对劳动和劳动教育的狭隘理解，进

【思考】

你能想到的将劳动课融入日常生活情境的途径有哪些？

一步凸显了劳动教育的智力性、创新性、审美性和内在精神性价值。

（资料来源：作者根据网络相关资料整理改编而成。）

学习感悟

情境再现	中共中央宣传部组织拍摄的六集纪录片《劳动铸就中国梦》，用“劳动改变命运”“劳动创造财富”“劳动点亮智慧”“劳动提升品质”“劳动缔造幸福”“劳动彰显国魂”的脉络梳理阐释“劳动”。该纪录片选取时代典型人物，用讲故事的方式，生动描绘了伟大的中国人民投身改革开放和社会主义现代化建设的辉煌历程。以宽广的视野和生动的事例，形象地诠释劳动、展示劳动、赞美劳动，唱出了一曲新时代的劳动之歌。
请观看该纪录片，并结合本任务的学习内容，做好如下总结思考。	
学习收获	从该纪录片和本任务的学习内容中，你收获了什么？
自我启发	结合该纪录片和本任务的学习内容，谈一谈面对即将进入的社会生活，你应该提前从哪些方面有意识地提升自己的日常生活劳动能力？
学思感悟	请列出自己的日常生活劳动能力提升计划。

任务二　生产劳动能力

学习目标

1. 理解生产劳动能力的概念。
2. 掌握生产劳动能力培养的途径和方法。
3. 培养学生勇于创新、敢于实践、不畏艰难的劳动品质。

案例探究

让每一个零部件都成为“免检产品”

龙桂发是桂林橡胶设计院有限公司的一位钳工师傅，该公司是中国化学工业桂林工程有限公司的全资子公司。

龙桂发于2007年进入公司后，就暗下决心要做一名技术精湛的钳工师傅。在工作中，龙桂发把学习中的苦和累当作考验意志和锻炼自己的最好方式，凭着对钳工作业的痴迷和执着，哪怕双手一次次被磨破，他也忍着疼痛缠上胶布继续作业；为了学习新技术，他仔细琢磨和实践书上及班组其他同事的技术要领，在焊花飞溅中反复作业……就这样，他十年磨一剑，终于练就了一身过硬本领，掌握了钳、车、铣、焊、磨等技术，成为机械加工制造的全能技工型人才，悄然实现了从一名普通钳工到一名技术精湛的现代工匠的转变。

长期的刻苦训练和严格要求的生产实践，让龙桂发练就了一手绝活，他只凭借手感就能把机器打磨平整，精度在0.03毫米以下，组装起来严丝合缝。他磨制出的部件，光亮如镜，宛如一件艺术品。

因工作上的出色表现和精湛技术，龙桂发多次被评为优秀员工和先进个人。2015年，荣获“广西壮族自治区劳动模范”称号。2020年，他当选全国劳动模范，面对荣誉，他谦虚地说：“我还

【思考】

能力是努力的积累，努力让能力升华。龙桂发的先进事迹带给你怎样的启发？

没有完全掌握钳工技术，在企业高度重视技能人才的氛围中，我要争取做得更好。”

（资料来源：作者根据网络相关资料整理改编而成。）

知识领悟

生产劳动能力

生产

通常情况下，我们将生产定义为将投入转化为产出的活动，或者是将生产要素进行组合以制造产品的活动。一般认为，生产要素是指进行社会生产经营活动时所需要的各种社会资源，包括劳动力、土地、资本、技术、信息等，而且这些内容随着时代的发展也在不断发展变化。所以，生产管理学认为生产是一切社会组织将它的输入转化为输出的过程。

从抽象意义上说，生产是在特定的技术条件下，通过将人的劳动作用于劳动对象和劳动资料，生产人们所需要的各种物品或服务的过程。在这一过程中，人们会运用人类在改造自然和利用自然的过程中积累起来的各种经验、知识和操作技巧来改造自然物质。这里的生产具有一般的技术属性，反映了人与自然的相互关系，是作为人类生存的永恒的自然条件而存在的。

生产又称为社会生产，是指人类从事创造社会财富的活动和过程。具体包括：①满足人们衣、食、住、行等必需的物质资料生产；②满足人们必需的文化生活的精神生产；③使人类自身世代延续的人的自身的生产，即种族的繁衍。狭义的生产，仅指创造物质财富的活动和过程。

生产劳动

在不同的历史条件下，人们对生产劳动的认识也是不同的。马克思是在分析资本主义生产的时候研究生产劳动的，因为资本主义生产的直接目的和真正产物是剩余价值，所以只有直接生产剩余价值的劳动是生产劳动。从资本主义生产关系出发，只有生产资本的劳动才是生产劳动，因为在直接生产过程中通过消费劳动而实现了价值增值。如果不是这样，消耗的劳动未能实现价值增值，就是非生产劳动。从这个意义上讲，作家约翰·弥尔顿创作了《失乐园》，得到了五镑，这五镑既不是在单纯物质生产过程中产生的，也不是在资本主义生产过程中产生的，因而“他是非生产劳动者”。但是，当一个作家被书商雇用而为书商增加资本的价值服务时，他就成为书商的生产劳动者。所以，马克思认为，为书商提供工厂式劳动的作家，是生产劳动者。一方面，从一般劳动过程的角度出发，生产劳动就是生产物质产品的劳动，反之则为非生产劳动；另一方面，从社会生产关系的角度出发，生产劳动是给使用劳动的人生产剩余价值的劳动。

从一般的意义上看，生产劳动是指劳动者借助劳动资料，使自己的劳动作用于劳动对象，按照预定的目的生产某种产品的活动。前面强调过“教育与生产劳动相结合”，劳动教育的核心或者本质目标应当是劳动价值观的学习，而不应简单地执着于某一项具体劳动技能的学习。事实上，当代科学技术的学习本身就带有更为本质的“教育与生产劳动相结合”的性质，甚至学生日常学习活动也具有“劳动”的性质，至少是某种特殊的劳动形式。现代生产过程之外的现代科学技术及其教育的参与，也是“教育与生产劳动相结合”的形式之一，更是“教育与生产劳动相结合”得以实现的关键途径。换言之，体力劳动、脑力劳动都是劳动，生产过程之中的劳动（生产劳动）和生产过程之外的科学技术也是现代生产劳动的要素。

生产劳动能力培养途径

按照马克思主义关于人的全面发展的教育思想，教育与生产劳动相结合是落实党的教育方针、实现教育目标的重要途径。生产劳动教育要充分体现以学生为主体，发挥学生的自主性、能动性和创造性上，尊重学生的需求、爱好；要紧扣新时代、新经济、新领域、新业态的新特征，着重引导学生掌握本专业领域的新知识、新技术、新工艺、新方法，培养学生创造性劳动的意识与能力。生产劳动能力可以从参加专业实习实训、技能大赛、社会实践、职业教育活动周等活动中得到培养和锻炼。

专业实习实训

实习就是在实践中学习。在经过一段时间的学习后，职业院校的学生需要了解如何将自己所学运用于实践，需要通过实践来检验所学。实训一般在校内生产实训室或校外实习基地进行。实习是在公司或企业参加岗位实践锻炼，其作用在于验证学生的职业抉择是否适合自身发展的需要，了解目标工作内容，学习工作及企业标准，找到自身素养与职业要求的差距。

通过专业实习实训，可以很好地锻炼学生的生产劳动能力。具体体现在以下几个方面。①养成良好的劳动素养。劳动是学生生长发展的需要，也是21世纪人才培养的要求。专业的实习实训不失为一个培养学生劳动意识、增强劳动观念的好方法。通过专业实习实训，可以调动学生的劳动积极性，创造和谐的劳动氛围。②巩固自身专业能力。通过专业实习实训，可以明确劳动任务目标，带着目标任务从事工作，有利于培养学生积极的劳动态度，提升学生的劳动效能。③唤醒竞争和评价意识。在生产劳动中及时给予评价，可以唤醒竞争意识，让被评价的学生能够客观正确地认识自己，了解自己的优点和不足，从而使学生产生内在驱动力，以此来激励学生更好地去实现自己的目标。

专业技能大赛

近年来，职业院校技能大赛蓬勃发展，给广大师生搭建了一个锻炼自我、展现自我的实战平台，各职业院校师生积极参与，受到师生的广泛好评。职业院校的各类技能大赛不仅探索出了提升学生实践能力及创新能力培养的途径，而且是提高学生生产劳动能力的重要方式。通过技能大赛，促使学生扎实掌握基础理论知识，并将理论与生产实践巧妙结合，从而发挥促进作用，产生理想效果。各类技能大赛，面向全体学生，尊重个人选择，鼓励个性发展，使学生在实践中学习、在实践中成长，培养全面发展的高素质技术技能人才。

通过技能大赛，不仅可以促进人才培养模式变革，而且能直接培养新时代劳动者的生产劳动能力。具体体现在以下几个方面。①增强学生的实践与创新能力。通过参加技能大赛，学生成为比赛的主角，是最大的受益者，在大赛中学生所获得的除了荣誉证书和奖杯外，更多的是表现出更强的学习能力、实践能力、生产能力，以及勇于面对挑战的能力。参赛的经历能够提高学生面对新问题时的应变能力和适应社会的能力。②提高学生的综合素质。学生在参加技能大赛前，要做好参赛准备、制订科学合理的训练计划、组织模拟仿真比赛、实时调整训练进度和内容等，不仅要训练独立自主的工作能力，还要强化团队的合作意识，有效提升学生良好的心理素质、扎实的专业素质、过硬的身体素质及灵活的应变能力。③培养学生随机应变的能力。在训练过程中，教师会安排学生进行适当的体育锻炼，根据学生的状态调整训练内容及训练节奏，促使学生做到劳逸结合，尤其是在平时的生产劳动能力训练过程中，会结合专业技能大赛的要求，有针对性地安排一些与此相关的训练课题，这样就可以全面训练学生的随机应变能力。

开展集中劳动活动

根据《中共中央 国务院关于全面加强新时代大中小学劳动教育的意见》要求，“大中小学每学年设立劳动周，可在学年内或寒暑假自主安排，以集体劳动为主。高等学校也可安排劳动月，集中落实各学年劳动周要求”。举办集中性的生产劳动周、劳动月等系列活动是培训，有利于深入推进学校劳动教育工作，有利于进一步培育学生劳动观念，学习劳动技能，养成良好的劳动习惯。

现在，越来越多的职业院校根据自身的办学条件，开展丰富多彩的集中性生产劳动活动，通过开设多种生产劳动实践课程，使学生在生产劳动过程中得到能力的提升、岗位的体验和锻炼，并通过生产实践打造品牌劳动实践项目。具体包括：①开展柑橘林生产劳动实践。该生产劳动实践是利用花圃、果林等场地，通过学生劳动社组织校内同学参加柑橘林劳动实践，体验育苗、栽培、施肥、护花、摘果全过程，体验劳动的快乐和收获的喜悦。②组织学生参加专业生产劳动锻炼。将劳动教育与专业学习、专业实验、生产实习、工程实训、毕业设计、创新创业、田野调查等有机结合起来，提高学生生产劳动实践能力。③开展劳动岗位体验活动。为学生提供不同的校内劳动岗位以供学生选择，让学生穿上工装，以自己感兴趣的职业劳动者为师开展岗位体验劳动，使学生切实体会不同职业的劳动特点，增进对劳动价值的感悟。④打造“特色课堂”品牌劳动实践项目。学校积极为师生搭建提升自我、展示自我的劳动实践平台，有的学校利用自己得天独厚的资源，组织学生在校内湖泊中捕鱼，并参与做鱼、吃鱼的过程；有的学校组织学生学习面点制作，并将品质合格的面点通过学生自己的直播平台，进行直播销售。

劳动文化

墨子，姓墨，名翟，墨家学派创始人。墨子是我国战国时期著名的思想家、教育家、科学家、军事家、社会活动家，提出了“兼爱”“非攻”等观点，并有《墨子》一书传世。《墨经》是墨学发展到高级阶段的理论成果，是微型的百科全书，从传世各类手工业技巧到总结提升各门自然科学知识，是中国古代科学的典范。墨学体系博大精深，包含“施诸四海而皆准，行诸百世而不悖”的普遍真理。我国的首颗量子科学实验卫星以“墨子号”命名，体现了我们的文化自信。

墨子作为小生产劳动者的思想代表，他切身体会到生命的可贵和生存的艰辛，体会到以力谋生、以力谋利的艰辛，因而更能理解物质生产的重要性，更能清醒地认识到人的自然本能需要的存在及其重要性。所以，墨子的思想里不仅重视节约，也很注重生产。请你认真查找有关资料，了解墨子关于生产劳动及其思想的阐述，从中撷取一二，谈一谈自己的体会。

劳动文化之我见

身体力行

高职院校旨在培养技术技能人才。高职院校的学生参加各类职业技能大赛、各项生产劳动实践的机会有很多，学生要通过参加比赛和生产劳动实践，及时发现问题，利用所学的知识解决问题，要在技能大赛和生产劳动实践中培养和锻炼自己的创新能力、实践能力和应对复杂情况解决问题的能力。请你结合参加过的生产劳动实践（包括职业技能大赛）填写下表，及时总结一下吧。

参加生产劳动实践	
活动目的	1．学会用专业知识解决实际问题，使体力劳动和脑力劳动同时得到锻炼。 2．增强专业的融通能力，提升综合知识的运用能力。 3．培养实践能力、创新能力、应变能力、团队协作能力等，养成良好的学习和思考习惯。
活动时间	________年____月____日
活动内容	
活动地点	
活动准备	参加生产劳动实践前的准备工作有哪些？
活动过程	在参加生产劳动实践中，主要做了哪些工作？
活动思考	参加本次生产劳动实践活动需要注意哪些事项？

拓展阅读

“刀尖”上的舞者

马长好是沈阳鼓风机集团股份有限公司转子车间的制造师，因为他的工作充满风险、挑战、压力和责任，加之精湛的技艺，他被工友们称赞为“刀尖”上的舞者。

2004年，27岁的马长好进入集团工作，当上了一名车工。他不甘于按部就班当学徒工熬时间晋级的状态，从进厂的那天起，就对自己严格要求，他要努力成为一名既懂实践又懂理论的技术尖兵。他先后自学了十多种数控机床的操作方法，凭着自己的刻苦努力，用最短的时间掌握了当时国际上先进的操作系统。

转子是压缩机的“心脏”，叶轮是“心脏”中的核心部件。作为转子车间的数控车工、技师，马长好主要负责离心压缩机各种类型叶轮的精加工。他手中加工的叶轮价值少则十几万元，多则几百万元，精度要求及公差控制要求极为严格，一般在0.02毫米以内，稍有不慎就会导致工件报废。马长好始终坚持“干就干好，还求更好”的质量理念，尽全力将每一个加工工件的尺寸公差都控制在中线范围，确保每个部件都成为精品。

马长好不仅是生产骨干、技能精英，还是一名“创新大师”。他经过对叶轮进行程序编写、模拟、试切、走刀等反复试验操作，创造了独一无二的车偏去重法，成为打造精品转子的有效方法。他前前后后发明了100多种创新方法，参与创新项目400多项，攻克了一个又一个技术难题。

“干就干好，还求更好”，马长好用始终如一的坚守，承担着一些急、难、险、重等工件的抢制、研制工作，诠释着新时代的工匠精神。他曾获得沈阳五一劳动奖章，以及“最美沈阳人”“辽宁省优秀共产党员”“辽宁省技术能手”等荣誉称号，2022年，他又获得了全国五一劳动奖章。

【思考】

技能水平、工作态度、创新能力等都要在生产劳动中升华，从马长好的身上，你学习到了什么？

面对荣誉，马长好说："作为一名产业工人，必须讲职业道德。只有对职业存有敬畏之心，才能在自己的岗位上成为一名对企业、对国家有贡献的人。"

（资料来源：作者根据网络相关资料整理改编而成。）

学习感悟

<table>
<tr><td>情境再现</td><td>根据路遥的小说《平凡的世界》制作的同名电影上映火爆。影片讲述了 20 世纪 70 年代中国城乡生活，以农家子弟孙少平、哥哥孙少安等人为代表，刻画了社会各阶层劳动人民的形象。在面对现实压力和人生抉择时，兄弟俩依旧坚守最初的梦想，向人们揭示了自强与自信、奋斗与拼搏、挫折与追求、梦想与执着的可贵精神与品格。</td></tr>
<tr><td colspan="2">请观看该影片，并结合本任务的学习内容，做好如下总结思考。</td></tr>
<tr><td>学习收获</td><td>从该影片和本任务的学习内容中，你收获了什么？</td></tr>
<tr><td>自我启发</td><td>作为新时代的追梦者，该影片对你有何启发？</td></tr>
<tr><td>学思感悟</td><td>"人是平凡的，生活是平凡的，世界是平凡的……人因为有平凡的劳动，才能寻找到自己的价值。"请你结合对这句话的理解和自身的学习经历，谈一谈如何寻找自己的价值定位？</td></tr>
</table>

任务三　服务性劳动能力

学习目标

1. 了解服务性劳动能力的概念。
2. 掌握服务性劳动能力培养的途径和方法。
3. 培养学生无私奉献、乐于助人的优秀品质。

案例探究

满怀赤诚之心把服务做到家

2007年，邓晓莉进入四川绵阳燃气集团有限公司王子大酒店工作。参加工作以来，邓晓莉在每一个工作岗位上，总是认真学习业务知识，虚心向同事请教。她告诫自己：“作为一名普通员工和基础管理人员要多学多练，尽快掌握服务知识和技能本领，更好服务客人、服务企业。”上班时，她总是把各种问题记在笔记本上；下班时，她抱着书本继续钻研。就这样，在很短的时间里，她熟练掌握了《四星级标准》和《王子大酒店管理与服务规范》业务知识和技能。

邓晓莉吃苦耐劳，一步一步地从普通员工走到了餐饮部宴会主管的位置上。在担任宴会主管期间，她坚持“标准化、规范化、个性化”对客服务理念，从自身做起，用热情、细心、周到、温馨的服务对待客人，并得到了住店客人的好评，成为酒店员工的学习标杆。

邓晓莉把大部分时间和精力都用在为客人服务上。“5・12”汶川地震发生后，她第一时间想到的是酒店财产和客人安全，她不顾个人安危，将客人护送到安全地带。

2020年11月24日，邓晓莉获得“全国劳动模范”荣誉称号。接过奖状时，她心里激动万分，她说：“‘全国劳模’称号是荣

【思考】

“既然我在这个岗位上，就要对企业和客人负责。”这是邓晓莉对自己的要求。你从中得到了什么感悟？

耀更是鞭策，以后的工作生涯也要时刻提醒自己，将劳模精神进行到底。”

（资料来源：作者根据网络相关资料整理改编而成。）

知识领悟

服务性劳动

服务是指履行职务，为他人做事，不以实物形式而以提供劳动的形式满足他人某种特殊需要，使他人从中受益的一种有偿或无偿的活动。在《现代汉语词典》（第7版）中，“服务”一词被界定为“为集体（或别人）的利益或为某种事业而工作”，这一过程并非孤立静止的，而是能够实现身与心、个体与集体（或别人）或个体与某种事业的沟通与联结，彰显了个体的公共关怀。

服务性劳动能力是在服务性劳动具体实践活动中的能力体现，可以表现为适应劳动需求的价值观念、思想品质、技术技能、服务效能等多种形式。从某种意义上来讲，“服务”一词意味着给予与奉献，它与接受和索取相对，是一种以满足“社会和民众的需求”为根本宗旨，以社区服务、支教服务、助老服务等为主要表现形式的社会实践活动。通过服务活动的开展，能够使服务者在此过程中实现道德修养与精神境界的提升，进而为营造无私奉献的良好社会风尚提效增益。

服务性劳动是将课程理论知识与社会服务活动相结合，从而实现教育服务社会这一职能的开放性学习方式，其形式是多种多样的，目的是追求服务者与被服务者的共同发展。参加服务性劳动不仅能使学生和环境之间产生相互影响，而且能使学生通过实践反思提高社会责任和公民参与感、个人知识技能，增强道德意识和批判性思维。开展服务性劳动教育，就是以提升学生道德修养、满足他人及社会需求、营造良好社会风尚为逻辑旨归，组织一些沟通身与心、学与做、个体与社会、理论与实践的教育活动。

培养服务性劳动能力的重要意义

服务性劳动教育和日常生活劳动教育、生产劳动教育同处劳动教育体系之下，相对于另外两种劳动教育方式而言，服务性劳动教育更强调社会本位与利他属性，强调个体在服务性劳动体验中增强与他人和社会的联系，更好地为他人和社会服务。

培养服务性劳动能力，有助于提升学生的社会参与意识与责任奉献意识，培育学生责任担当的劳动使命感。服务性劳动能力的培养，不仅强调理论学习，而且注重将社会作为课堂，生活作为教材，为学生创设真实情境下的服务性劳动学习空间，引导学生真正走出课堂、走进社会，直面真实的社会性服务场景，有利于引导学生处理好独立与融入的关系，使学生做到知行合一、以知促行、以行求知，是学生实现社会性发展的关键环节。通过服务性劳动体验，将启发学生思考、审视、重构自身与社会的关系，掌握参与社会发展所需的技能与本领，逐步成长为具有社会属性的全面发展的人。

培养服务性劳动能力，有助于深化以服务奉献为要义的劳动教育，培塑学生服务奉献的劳动价值观。培养服务性劳动能力这种带有利他属性的实践活动能力，在沿革传统劳动教育精髓的基础上，将劳动知识与社会体验有机融合，让学生在充满温度与感染力的服务性劳动体验中感悟劳动奉献的本真，不驰于空想、不投机取巧，有利于培塑学生服务奉献的劳动价值观，引导学生在深化个人服务、奉献品德与社会责任感的同时，不断净化、提升与完善自己，彰显教育之维与人本之维的高度契合。

培养服务性劳动能力，有助于营造服务奉献的良好社会风尚，培育和践行社会主义核心价值观。培养服务性劳动能力所倡导的勤奋、诚实、奉献、友善、博爱等传统美德，引导学生在劳动与奉献、个体与社会之间找寻心灵上道德充盈与升华的契合点，真正将“小我”融汇成“大我”，以宽待人、以德服人、行善立德、服务大众。服务性劳动能力培养所倡导的热爱劳动与服务奉献的理念与精神正是对社会主义核心价值观精髓要义的有力彰显，有利于在理论引导与实践养成中巩固社会主义核心价值观，增强社会的凝聚力与向心力，以实现劳动创造美好生活的愿望。

服务性劳动能力培养途径

服务性劳动一般具有公益性、服务性、教育性等特征，服务性劳动能力根据受众群体的不同，分为两个类型：一类面向特殊群体（主要是社会弱势群体），如看望孤寡老人、关爱伤残儿童等；另一类面向大多数社会公众，如支援西部地区建设、组织学生担任义务讲解员和公益活动志愿者等。在服务性劳动中，学生可以利用自身掌握的知识和技能服务大众，同时增强集体意识和奉献意识，强化社会责任感。高校对于服务性劳动能力的培养通常是通过志愿服务、“三下乡”社会实践活动、勤工助学（公益活动）等形式来实现。

志愿服务

志愿服务是以自愿和自主选择为原则，结合社会和群众的实际需求，在遵守社会法律规范的前提下，为他人、为社会无偿提供服务，由此使自身能力得到锻炼，并促进社会发展。志愿服务是建立在志愿者自我意志基础上的，不以获取报酬为目的，是超越了满足生存需求的劳动。志愿服务的实践形式包括以下几方面。

1）宣传类志愿服务活动。采取集中辅导、报告、讲座、培训或面对面的咨询、访问、恳谈、拉家常式的交心等形式，宣讲政策理论，倡导树立优秀的文化道德。

2）环保类志愿服务活动。旨在培养志愿者的主人翁责任感，激发爱国热情，以实际行动践行人与自然、人与人和谐相处的理念和价值追求。

3）阳光助残、扶老助老志愿服务活动。采取上门拜访、心理疏导、公益帮扶、结对关爱等方式，引导志愿者关爱帮扶老人、残障人士或弱势群体，培育诚信、友善、平等的人生信念，引导形成邻里互助、守望相助、患难相恤的社会风尚。

4）大型赛事及展览志愿服务活动。旨在使学生感受国家各领域的发展现状，培育爱国情感，践行友善、文明的行为标准。

5）校园内各项社会服务活动。培养学生从身边小事做起，讲文明、讲道德，对同学温和友善，涵养文明友善的个人品质。

6）志愿服务网络化活动。将网络作为开展志愿服务的媒介和平台，进行线上支教、线上陪护、线上知识宣讲等活动。

“三下乡”社会实践活动

为了促进农村文化建设，改善农村社会风气，密切党群干群关系，大力推进农村精神文明建设，满足农民的精神文化需求，20世纪80年代初，团中央首次号召全国大学生在暑期开展“三下乡”社会实践活动。1997年,“三下乡”活动在全国正式开展。“三下乡”就是将有关文化、科技、卫生等方面的内容知识在农村普及,促进农村文化、科技、卫生事业的发展。其中，文化下乡是指图书、报刊下乡，送戏下乡，电影、电视下乡，开展群众性文化活动；科技下乡是指科技人员下乡，科技信息下乡，开展科普活动；卫生下乡是指医务人员下乡，扶持乡村卫生组织，培训农村卫生人员，参与和推动当地合作医疗事业的发展。

“三下乡”社会实践活动为大学生了解中国国情开启了一扇窗，有益于高教体系建立针对性和切合实际的促进新农村建设的策略和途径。一般来说，学校组织“三下乡”活动，形式上以支教、调查为主，也可以包括医疗卫生、法律援助、计算机和网络技术、语言翻译、健康促进、送文化下乡等实践内容，要求志愿服务者具备一定的专业知识和技能。大学生在“三下乡”社会实践活动中将自己的专业知识应用到实践中去，可以近距离地参与新农村建设，通过理论和实际相结合，促进个人专业知识的积累和技能的提高，既能丰富自己的人生经历，又能增强自身的服务性劳动能力。

勤工助学

勤工助学是指学生在学有余力的前提下，利用课余时间参加学校组织的勤工助学活动，通过劳动取得合法报酬，以改善学习和生活条件等，既是提高学生素质的需要，又是解决困难学生生活问题的需要。

1）培养学生的独立意识。勤工助学锻炼了学生的自主意识和主观能动性，学生通过在实践中的表现，有意识地改善自身的不足，从而有效地锻炼独立生活、独立学习的能力。

2）提高学生的综合素质。勤工助学岗位是学生施展才华、展示风采、锤炼意志、锻炼能力、转换思想的理想场所。例如，学生在学校办公室学生助理的岗位上，可以使学生充分发挥特长及聪明才智，锻炼和提高学生的交际能力、语言表达能力、写作能力、管理能力、创造能力等。

3）培养学生的良好品德。学生通过勤工助学实践活动，可以逐步认识自己在知识、能力等方面的不足，有助于帮助学生树立远大理想和目标，进一步培养学生勇挑重担、吃苦耐劳、无私奉献、乐于助人的优良品德。

4）提高学生的创新素质。勤工助学作为一种实践教育，是创新人才培养的基础，是知识技术创新的源泉。学生通过亲身体验实践活动，巩固和运用所学知识，在提高实际操作能力的同时，拓展认知、探索规律、掌握技术，在实践中受到深刻启发和教育，从而提高认知能力和创新能力。

5）适应经济社会的发展。勤工助学能够帮助学生树立克服困难的信心和勇气、培养学生坚韧不拔的毅力和持之以恒的精神，以及化解各种困难和挫折的信心和能力，这为学生即将步入社会、适应社会发展奠定了职业素养和服务能力的基础。

劳动文化

商汤时期一代名厨伊尹，有“烹调之圣”的美称。他后来由烹饪而通治国之道，说汤以至味，成为商汤心目中的智者贤者，被任用为相，影响较大。隋代造桥匠师李春，建造了举世闻名的赵州桥。赵州桥存世 1 500 多年，结构奇特、造型美观，凝聚了李春的汗水和心血。李春成为中国乃至世界建筑史上第一位桥梁专家。我们从古代工匠的身上，看到了劳动的神奇和伟大。所以，我们在各种服务性劳动中，也要用心体会和感受劳动的魅力所在，通过劳动来传承和发扬劳动的社会价值。请你结合自己参与的服务性劳动实践，体会自身能力得到了哪些提高？有什么样的感悟？

劳动文化之我见

身体力行

社区服务关系民生、连着民心，是推动幼有所育、学有所教、病有所医、老有所养、弱有所扶及社区平安建设的重要途径，也是当代青年学生参加社会实践、了解社会、认识国情、增长才干、奉献社会、锻炼毅力、培养品格的重要方式。当前，各地都组织了“邻里学”“邻里乐”“邻里亲”“邻里帮”等精彩主题的社会服务活动。现在，学校要组织一次“走进社区服务”志愿活动，请你积极参与，并总结收获、经验和不足，及时撰写活动报告，以使自身的服务性劳动能力在实践中得到切实增强。

“走进社区服务”志愿活动	
活动目的	1．提升学生服务他人、服务社会的意识，增强社会责任感。 2．培养学生的团队精神、无私奉献精神。 3．提高学生的合作能力、人际交往与沟通能力。
活动时间	______年____月____日
活动地点	
基本认识	你对参加社区服务活动是如何认识的？有什么样的打算或安排？
活动内容	你参加的具体社区服务活动是什么？
活动记录	通过参加这次社区服务活动，你有哪些收获？存在哪些不足？如何改进？
活动总结	请为这次社区服务活动写一份活动总结。

拓展阅读

向宇宙深处进发

2018 年 10 月 15 日，一颗国际永久编号的小行星被正式命名为“南仁东星”。这颗小行星纪念的是南仁东，他被称为中国“天眼之父”。

少年的南仁东，爱看“小人书”，喜欢绘画、摸鱼和建筑，尤其喜欢对着天空胡思乱想，这让父母经常对他捉摸不透。高考之后，原本兴致勃勃地选择了清华大学建筑系的南仁东却被调剂到了无线电专业。1968 年，他大学毕业后，被分配到吉林通化无线电厂，成为一名普通的车间工人。入厂没多久的他就熟练掌握了锻造、电镀、钳工等工作技能。

后来，南仁东考入了中国科学院研究生院攻读天文学，并完成了博士学位。1993 年 9 月 24 日，他从日本参加完国际无线电科学联盟大会回到北京，向中国科学院提出：我们要积极争取让国际大射电望远镜建到中国来。1994 年，他递交了“超级天眼”的建议书，要建立 500 米口径球面射电望远镜。2005 年 11 月，60 岁的南仁东向中国科学院提出：由我国独立自主建造 500 米口径球面射电望远镜 FAST。2007 年 7 月，国家发展和改革委员会批复 FAST 工程正式立项。南仁东把团队集合起来，激动地说：“我们只是刚刚出发，但我们正向宇宙的深处进军。”

2016 年 9 月 25 日，历时二十多年的“超级天眼”项目终于成功建成了，FAST 正式启用。这个“超级天眼”一改我国无线电相关技术水平落后于发达国家几十年的尴尬，很多困扰我国相关工作正常推进的问题都迎刃而解了。毫无疑问，这是我国无线电行业一大跨越式的进步与革新，一举挺进到人类探测宇宙奥秘的最前沿。

然而，南仁东在 2017 年 9 月因病不幸辞世，享年 72 岁。正如奥斯特洛夫斯基所言：“人生最美好的，就是在你停止生存时，

【思考】

很难想象，雨衣、解放鞋、柴刀、拐杖是南仁东在贵州万山深处建造“中国天眼”时长年携带的装备。对此，你有何感想？

也还能以你所创造的一切为人民服务。”一位受大众尊崇的科学家走了，但他所做出的巨大贡献，恒久屹立在祖国人民的心中，永远不会消失。

（资料来源：作者根据网络相关资料整理改编而成。）

学习感悟

情境再现	电影《杨善洲》深情讲述了云南原保山地委书记杨善洲的故事，塑造了一个永远把人民群众利益置于个人利益之上的领导干部形象。在任上，他狠抓农业，专注民生；退休后，他绿化荒山，造福子孙。他一心为民，两袖清风，鞠躬尽瘁。青山作证，他六十年坚守共产党员的精神家园，他用一生践行着共产党员的铮铮誓言：“只要生命不结束，服务人民不停止。”
请观看该影片，并结合本任务的学习内容，做好如下总结思考。	
学习收获	从该影片和本任务的学习内容中，你收获了什么？
自我启发	杨善洲二十年如一日，在家乡施甸县大亮山义务造林，创建林场并无偿交给国家经营管理；又把保山市委、市政府为他颁发的 20 万元特别贡献奖分别捐赠给学校、林场和附近的村子。对此，你是如何认识和理解的？
学思感悟	通过社会实践或志愿服务，你能在哪些方面得到服务性劳动能力的锻炼和提升？

主题四

学习劳动法规

子曰：“爱之，能勿劳乎？忠焉，能勿诲乎？”

——出自《论语 · 宪问》

自警诗

［唐］张齐贤

慎言浑不畏，忍事又何妨。
国法须遵守，人非莫举扬。
无私仍克己，直道更和光。
此个如端的，天应降吉祥。

课程思政教学要点

【思政教学目标】

1. 帮助学生正确认识劳动法律法规，学会维护自身合法劳动权益。
2. 帮助学生树立法律意识，掌握签订、履行劳动合同时所需的基本法律知识。

【思政教学要点】

1. 习近平法治思想。
2. 法治文化、和谐劳动关系。

【思政教学内容】

更好地理解劳动法律法规的立法目的和初衷，加强自我保护，激发学生对劳动法律法规的学习热情。

【思政教学设计】

习近平法治思想是习近平新时代中国特色社会主义思想的重要组成部分，是全面依法治国的根本遵循和行动指南。

本主题以习近平法治思想为指导，将中国特色社会主义法治理论引领渗透到劳动法律法规的介绍中，通过课程教育本位的回归，促使“法律知识传授”与“价值引领”有效衔接，凸显课程育人功能，培养知法懂法守法用法的高素质技术技能人才。

通过各类案例的介绍，帮助学生理解习近平法治思想，通过劳动法律法规与实务知识学习，培育学生的规则意识和权利义务意识，将法律意识贯穿到职业发展和劳动过程中，提高劳动法律法规教育的针对性和有效性，切实帮助学生懂得如何维护自身合法劳动权益、学会处理劳动争议问题，引导学生合法、理性地参与劳动事务和社会事务的管理之中。

任务一 维护劳动权益

学习目标

1. 培养学生维护自身合法劳动权益的意识。
2. 明晰相关法律法规赋予劳动者的权利。
3. 学会正确维护自身合法劳动权益的方式方法。

案例探究

迟到1次被扣1000元工资

小王在一家公司上班，他于2021年10月申请辞职，11月被批准离职，但当他到财务结算工资时，却被告知因为当月3次迟到被扣除3 000元，只拿到了2 017元。他将此事发到朋友圈。这家公司在内部规章制度中的“迟到1次扣1 000元工资”规定也备受关注。

迟到一次扣1 000元，这是否符合劳动法律相关规定呢？正常情况下，劳动者无正当理由不提供劳动的，用人单位可以不支付缺勤期间的工资。换言之，迟到扣钱应当扣除的是对应缺勤（即迟到）期间的工资。

那么，对应迟到期间的工资该如何计算？简单来说，假如某员工迟到10分钟，严格意义上讲，用人单位只能扣除这10分钟对应期间的工资。也就是说，他被扣的工资应该是分钟工资乘以10，企业不能按照自己制定的规章制度，迟到一次扣小王1 000元。对于小王而言，他因为迟到1次而被扣的1 000元属于罚款。《中华人民共和国劳动法》（以下简称《劳动法》）和绝大多数省（自治区、直辖市）的工资支付相关规定，都不允许企业设置罚款制度。

面对这种情况，员工应该如何保护自身合法权益呢？员工可

【思考】

在工作中，我们会遇到迟到罚款的规定，假如你遇到小王这样的情况，你会如何处理？

以采取劳动仲裁的方式，以企业未及时足额支付劳动报酬为由单方解除劳动合同，并提起劳动仲裁，要求获得经济补偿金；也可以向劳动监察大队投诉，要求企业足额支付劳动报酬，遇到逾期不支付的，还可以获得按一定标准加付的赔偿金。

（资料来源：作者根据网络相关资料整理改编而成。）

知识领悟

法律赋予劳动者的一般权益

《劳动法》规定：劳动者享有平等就业和选择职业的权利、取得劳动报酬的权利、休息休假的权利、获得劳动安全卫生保护的权利、接受职业技能培训的权利、享受社会保险和福利的权利、提请劳动争议处理的权利以及法律规定的其他劳动权利。

劳动权益维护意识的重要性

我国是一个依法治国的国家，也在不断积极出台和完善各项法律法规和方针政策对劳动者的各项权益进行保障。劳动者在工作中需要具备相应的维权意识，才能保障自身合法权益不受侵害，获得劳动所应得的报酬和自身的发展空间，为自身的健康生活、规划发展和能力提升做好铺垫。

劳动者是否能维护自身合法权益，很大程度上取决于劳动者的维权意识。劳动者应该本着自我保护和自我负责的心态，增强法律意识，加强对法律理论知识的学习，明晰法律赋予劳动者的权利，在遭遇用人单位的侵权行为时能够主动依法维护自身合法权益。

劳动者树立劳动权益维护意识，不仅能够维护自身利益不受侵害，而且能够促进社会形成尊重劳动的氛围，推动企业的人力资源积累，保障企业的可持续发展。如果劳动者在工作中劳动权益无保障、发展无空间、待遇不稳定，那么将会打击劳动者的生产积极性，从而制约企业的发展。因此，劳动者在劳动生产中应当提高自身合法权益保障意识和法律意识，在为祖国发展贡献自己力量的同时也应享受国家赋予的权利。

劳动就业相关法律法规

《中华人民共和国就业促进法》（以下简称《就业促进法》）中规定：各地政府部门

应当为劳动者创造公平的就业环境，消除就业市场中的差别对待、歧视行为，为就业困难人员制定相关的援助就业政策，保障弱势群体就业有岗位、有保障、有待遇。残障人士的劳动权益受到国家法律保护，各地政府应当合理统筹并为残障人士创造就业机会。女性享有与男性相同的劳动就业机会，任何个人、组织或单位不得以任何名义歧视女性劳动者，不得限制女性劳动者结婚、生育的权利。各族人民享有相同的劳动就业权，任何个人、组织或单位不得以民族和宗教信仰为由侵犯劳动者的合法权益。

《中华人民共和国职业教育法》规定：职业学校学生在升学、就业、职业发展等方面与同层次普通学校学生享有平等机会。各级人民政府应当创造公平的就业环境。用人单位不得设置妨碍职业学校毕业生平等就业、公平竞争的报考、录用、聘用条件。事业单位公开招聘中有职业技能等级要求的岗位，可以适当降低学历要求。接纳职业学校和职业培训机构学生实习的单位违反本法规定，侵害学生休息休假、获得劳动安全卫生保护、参加相关保险、接受职业技能指导等权利的，依法承担相应的法律责任。《中华人民共和国高等教育法》还规定：高等学校应当为毕业生、结业生提供就业指导和服务。国家鼓励高等学校毕业生到边远、艰苦地区工作。

《中华人民共和国劳动合同法》（以下简称《劳动合同法》）中针对试用期和实习期明确规定：不满 3 个月劳动期限的劳动合同不得约定试用期，3 个月以上 1 年以下劳动期限的试用期不得超过 1 个月，1 年以上 3 年以下劳动期限的试用期不得超过 2 个月，3 年以上固定合同试用期不得超过 6 个月。同时，该法律中规定用人单位不得以任何理由和借口扣押劳动者的身份证和其他证件，否则将由劳动行政部门责令限期归还；不得要求劳动者提供资金或财产担保，否则将由劳动行政部门责令限期归还并处以 500 元以上 2 000 元以下罚款。用人单位应当保障劳动者足额的劳动报酬，如果发生拖欠或未足额支付劳动者报酬的情况，劳动者可以向当地法院申请劳动报酬的支付令。

《中华人民共和国劳动争议调解仲裁法》规定：劳动仲裁申请时限为当事人知道且应当知道权利被侵害之日起 1 年开始计算，如果劳动关系存续期间发生拖欠劳动报酬的争议，则不受 1 年仲裁时效限制，但在劳动关系终止的情况下，应自劳动关系终止之日起 1 年内提出。除部分劳动争议实行“一裁终局”制度，其余劳动争议，劳动者对仲裁结果不满意的，应当在收到仲裁裁决书 15 日内向人民法院提起诉讼。劳动者在提出自己主张的同时，应当遵循“谁主张，谁举证”的原则，劳动者无法提供的证据，可以向仲裁庭提出申请，仲裁庭依法要求用人单位在指定期限内提供相应证据，如果用人单位未提供，应当依法承担后果。

择业过程中享有的权利

如无特别指出，这里谈到的权利均指向各级各类职业院校学生，也适应于高等院校学生。

接受就业指导权。接受就业指导权是指学生有权从国家、社会和学校处获得公平的就业信息和就业指导。职业院校应当为学生提供就业指导和服务，应当将就业指导纳入学生日常教育活动中并成立相关专业的就业指导机构，为学生提供就业方向、就业政策和就业技巧等方面的咨询服务。

就业信息知情权。就业信息知情权是指学生有权获取各个渠道的公开招聘就业信息。就业信息知情权主要包括三个方面：①就业信息应当对学生公开透明，任何个人、组织和单位不得截留和隐瞒，不得散布虚假信息；②就业信息应当及时、有效地传递给学生；③就业信息应当准确、完整地传递给学生，学生能够依照就业信息理性分析用人单位，根据自身条件恰当选择职业。

接受就业推荐权。接受就业推荐权是指学生拥有被就读学校推荐就业的权利。就业推荐权主要体现在真实推荐和公正推荐两个方面，就读学校应当根据学生的基本情况实事求是、公平、公正地向用人单位推荐学生，不得存在隐瞒或者故意贬低的情况，给予学生平等的就业机会。

就业选择自主权。就业选择自主权是指学生拥有在国家相关的就业方针和政策下按照自己的主观意愿选择职业的权利。学生是否从事职业劳动、何时从事职业劳动或者何地从事职业劳动的选择都应当得到尊重，任何个人、组织和单位不得强行安排工作。

平等就业权。平等就业权是指学生拥有按照国家相关的就业方针和政策平等选择工作的权利。用人单位不得因性别、年龄、背景、民族、信仰等客观因素歧视、取消或是损害学生的就业机会。

隐私保护权。隐私保护权是指学生拥有要求招聘单位对其在求职过程中提供的个人信息进行保密的权利。若毕业生求职的个人信息在未经本人允许的情况下被招聘单位外泄，则毕业生有权依法要求赔偿。

应具有自我保护意识

法律意识。人力资源的合理配置是通过市场化的就业体制调整的，同时市场经济又是法治经济，学生的就业应当受到法律保护。学生应当增强自身的法律意识，学习并了解《劳动法》《就业促进法》等相关法律法规，明确劳工关系中的权利和义务，并在学习过程中不断地加强自己的劳动权益维护意识，学会用法律武器保护自身的合法权益。

维权意识。我国人力资本市场处于不断发展完善阶段，针对各级各类院校毕业生的制度和体系仍不健全，所以学生劳动权益被侵犯的事件仍有发生。学生应当掌握相关法律法规并应具有积极的维权意识，这样才能在遇到问题时主动拿起法律武器维护自身的权益，将维权意识转变为实际行动。

证据意识。劳动者维权失败的案例屡见不鲜，究其原因在于举证困难。学生应当树立证据意识，在入职前要求用人单位提供与资质相关的证件和资料，如营业执照、法人信息等资料。同时，应加强证据保存意识，通过要求用人单位提供纸质资料等方式保存佐证资料，以便将来在劳务纠纷中可以积极举证。

契约意识。契约意识是指劳动者能够通过签订就业协议保护自身合法权益并严格遵守就业协议中的约定主动履约。学生与用人单位签订的就业协议就是确定用人单位和劳动者之间劳务关系的契约，也是劳动合同的一种体现，因此具有法律效力。学生在就业时应当谨慎签约、合法履约、积极守约，就业协议或劳动合同一旦确立必须依法履约，双方均不得擅自毁约、违约，否则将依法承担违约责任。

诚信意识。诚信意识是指学生在就业择业过程中应当如实向用人单位提供基本资料，用人单位也应如实告知企业的基本情况，不得故意隐瞒、欺骗。若毕业生在就业过程中存在欺骗、隐瞒自身基本情况的行为，将可能导致就业协议或劳动合同无效，用人单位有权依法解除就业协议或劳动合同并要求对方承担缔约过失责任。同时，学生在就业过程中应当充分了解用人单位的基本情况，提出疑问和质疑并要求用人单位做好解释工作，谨慎签订劳动合同。

劳动文化

职业院校学生在校期间的兼职、实习和毕业后的职业生活都离不开法律的保障。

每个劳动者了解与劳动相关的法律法规知识，明确劳动者的合法权益，是形成尊重劳动社会氛围的重要前提，也是构建和谐劳动关系的重要保障。我国自 1995 年施行《劳动法》以来，已经出台了一系列与劳动相关的重要法律法规，并初步形成了较为完善的法律体系。请查阅相关资料，绘制出与劳动相关的法律法规一览表。

劳动文化之我见

身体力行

为进一步帮助学生了解劳动者依法享有的权利，维护劳动者合法权益，你所在的班级将开展“今日说法·劳动权益”小课堂主题教育活动，通过以案促学、以案示警教育学生学会正确维护自身合法劳动权益。请你积极参与此次活动并做好相应记录。

“今日说法·劳动权益”小课堂主题教育活动	
活动目的	1．培养学生维护自身合法劳动权益的意识。 2．明晰相关法律法规赋予劳动者的权利。 3．学会正确维护自身合法劳动权益的方式方法。
活动时间	________年____月____日
活动内容	请记录你们班级选取的案例内容。
活动记录	请记录你们班级针对案例的分析。
活动总结	此次主题教育活动对你有哪些启示和收获？

拓展阅读

大学生灵活就业，劳动权益如何保障

随着首批“00后”走出象牙塔，灵活就业也成为高校毕业生就业的重要选择之一。

工作时间弹性、工作安排自主，还能兼顾兴趣爱好，看上去“很美”的灵活就业，也让一些毕业生产生了担忧：不签订劳动合同，劳动权益如何保障？未缴纳工伤保险，遭遇职业伤害谁来负责？行业迭代快、吃青春饭，职业长远发展怎么办？

刚刚在北京参加工作的李茜丽因为生了一场病需要做手术，前后花费了1万多元，这对于刚工作的她来说，是一笔不小的开支。她为此颇为感慨：“生了病，才意识到有医保很重要。”调查发现，像李茜丽这样的例子还有很多，刚走出校园的毕业生普遍缺乏社保意识，尚未意识到社保对他们的重要意义。有的学生甚至因为怕失去工作机会，避免直接和用人单位谈及这个问题。业内一名律师指出，毕业生在择业时普遍会考虑薪酬待遇、行业发展、个人成长等因素，却往往忽视社保权益，特别是工伤保险，这属于雇主责任险，没有用人单位，个人无法参保。他对此还专门建议：毕业生要重点关注工资给付方式、工作时间和休息休假、社保权益、职业伤害等条款，可以根据自身的工作性质，选择商业保险进行补充。按照目前的相关政策，灵活就业人员可以参加养老保险和医疗保险，一些地方已经对灵活就业人员缴纳社保放开了户籍限制，但李茜丽目前还无法在北京缴纳社保。

随着灵活就业呈现出规模化趋势，多地、多部门陆续出台了相关政策，为包括高校毕业生在内的灵活就业劳动者保驾护航。2021年，人力资源社会保障部、全国总工会等8部门联合制定《关于维护新就业形态劳动者劳动保障权益的指导意见》，对新就业形态劳动者加大了劳动权益保护力度。2022年，国务院办公厅

【思考】

你身边是否有选择灵活就业的学生？请结合本阅读材料，并查阅文献，梳理出保障灵活就业的相关注意事项。

印发《关于进一步做好高校毕业生等青年就业创业工作的通知》，提出对毕业年度和离校 2 年内未就业高校毕业生实现灵活就业的，按规定给予社保补贴。

（资料来源：作者根据网络相关资料整理改编而成。）

学习感悟

情境再现	影视剧《理想之城》讲述了造价师苏筱职场成长的故事。作为新时代女性的建筑造价师苏筱，一直秉持“造价表的干净就是工程的干净”的职业信仰。然而，苏筱却被行业内乙方的一次“不干净”事件导致被众建集团开除，造价师证被扣，经历了一系列的被质疑和事业低谷后，苏筱并没有被打倒，而是进入小公司天成从基层做起，凭借自己的初心，一路披荆斩棘将天成公司的业绩带上行业巅峰。
请观看该影视剧，并结合本任务的学习内容，做好如下总结思考。	
学习收获	从该影视剧和本任务的学习内容中，你收获了什么？
自我启发	剧中作为新时代女性的职场达人苏筱的奋斗故事对你有何启发？
学思感悟	“每个人都想寻找‘理想的职业’进入‘理想之城’。”请结合这句话，思考你的“理想之城”应该是怎样的？

任务二 劳动合同履行

学习目标

1. 了解劳动合同法。
2. 掌握签订劳动合同的基本常识。
3. 学会如何规避违约责任。

案例探究

隐瞒信息致劳动合同无效

小张为某高校一名成绩优异的在读学生，他隐瞒自己学生身份与某教育培训机构签订了劳动合同。但是有一天，小张在下班途中遭遇了交通事故。小张认为应属工伤，遂向当地人力资源和社会保障局申请工伤认定。

然而，某教育培训机构在事发后调查得知，小张在某高校就读前已获得一份大学毕业证书，但他考虑到学校不理想，后来重新参加高考，考入现在这所高校，小张隐瞒了自己在校学生的真实身份。于是，某教育培训机构向劳动人事争议仲裁委员会申请仲裁，要求确认与小张签订的劳动合同无效。劳动人事争议仲裁委员会经调查后作出决定书，以小张不具有与用人单位建立劳动关系的主体资格，撤销了该劳动争议一案。

小张不服，向所在区级人民法院提起诉讼。某教育培训机构认为，小张在填写入职登记表时未写明目前仍是大学生的真实情况，构成欺诈隐瞒行为。因为在校大学生受学校管理，不具有劳动关系主体资格，因此劳动合同无效。请求法院驳回小张诉请。

区级人民法院经审理认为，小张虽已获得大学毕业证，但目前仍属于在校学生，且他隐瞒了自己是在校大学生的真实身份。鉴于从事有收入劳动的在校学生并不属于建立劳动关系范围的人员，故小张要求确认其与某教育培训机构签订的劳动合同有效，

【思考】

作为在校就读的职业院校学生，很多同学都有在外兼职的经历。你通过学习此案例，得到什么启示？

____

____

____

____

____

____

____

____

____

____

____

____

____

法院不予支持。小张不服上诉，二审维持原判。

法官提醒，在校大学生身份具有特殊性，在应聘时应如实陈述自己在校大学生的身份。若用人单位并无招录在校大学生的意愿，大学生为获取就业机会，隐瞒尚未毕业等真实情况，则直接会影响劳动合同的法律效力。

（资料来源：作者根据网络相关资料整理改编而成。）

知识领悟

劳动合同履行

劳动合同履行，是指劳动合同双方当事人按照合同的约定完成各自义务的行为。按照法律规定，我国境内的企业、个体经济组织、民办非企业单位等组织与劳动者建立劳动关系，订立、履行、变更、解除或者终止劳动合同，都要遵照劳动合同法执行。也就是说，不管今后是入职全民所有制企业、个人独资企业、合伙企业、中外合资经营企业、外资企业、中外合作经营企业、有限责任公司、股份有限公司，还是个体工商户等，抑或其他如民办学校、民办医院、民办体育健身场所等民办非企业单位，劳动者和用人单位都要接受劳动合同法的约束，明确劳动合同双方当事人的权利和义务，自觉构建和发展和谐稳定的劳动关系。

劳动合同的订立

按照法律规定，用人单位自用工之日起即与劳动者建立劳动关系。

合同双方的告知义务

用人单位招用劳动者时，应当如实告知劳动者工作内容、工作条件、工作地点、职业危害、安全生产状况、劳动报酬，以及劳动者要求了解的其他情况；用人单位有权了解劳动者与劳动合同直接相关的基本情况，劳动者应当如实说明。而且，用人单位招用劳动者，不得扣押劳动者的居民身份证和其他证件，不得要求劳动者提供担保或者以其他名义向劳动者收取财物。

订立劳动合同的要求

建立劳动关系，应当订立书面劳动合同。已建立劳动关系，未同时订立书面劳动合同的，应当自用工之日起一个月内订立书面劳动合同。用人单位与劳动者在用工前订立劳动合同的，劳动关系自用工之日起建立。用人单位未在用工的同时订立书面劳动合同，与劳动者约定的劳动报酬不明确的，新招用的劳动者的劳动报酬按照集体合同规定的标准执行；没有集体合同或者集体合同未规定的，实行同工同酬。

劳动合同的种类

劳动合同分为三类：①固定期限劳动合同，是指用人单位与劳动者约定合同终止时间的劳动合同；②无固定期限劳动合同，是指用人单位与劳动者约定无确定终止时间的劳动合同；③用人单位与劳动者协商一致，可以订立以完成一定工作任务为期限的劳动合同，这种劳动合同是指用人单位与劳动者约定以某项工作的完成为合同期限的劳动合同。

劳动合同的生效

劳动合同应由用人单位与劳动者协商一致，并经用人单位与劳动者在劳动合同文本上签字或者盖章生效。劳动合同文本由用人单位和劳动者各执一份。

劳动合同的内容

劳动合同应当具备以下条款：①用人单位的名称、住所和法定代表人或者主要负责人；②劳动者的姓名、住址和居民身份证或者其他有效身份证件号码；③劳动合同期限；④工作内容和工作地点；⑤工作时间和休息休假；⑥劳动报酬；⑦社会保险；⑧劳动保护、劳动条件和职业危害防护；⑨法律、法规规定应当纳入劳动合同的其他事项。除此之外，在劳动合同中用人单位与劳动者可以约定试用期、培训、保守秘密、补充保险和福利待遇等其他事项。

试用期

同一用人单位与同一劳动者只能约定一次试用期，而且试用期应当包含在劳动合同期限内。劳动合同期限为三个月以上不满一年的，试用期不得超过一个月；劳动合同期限一年以上不满三年的，试用期不得超过两个月；三年以上固定期限和无固定期限的劳动合同，试用期不得超过六个月；以完成一定工作任务为期限的劳动合同或者劳动合同期限不满三个月的，不得约定试用期。劳动者在试用期的工资不得低于本单位相同岗位最低档工资或者劳动合同约定工资的80%，并不得低于用人单位所在地的最低工资标准。

服务期

用人单位为劳动者提供专项培训费用，对其进行专业技术培训的，可以与该劳动者订立协议，约定服务期。如果发生劳动者违反服务期约定的情况，劳动者应当按照约定向用人单位支付违约金。违约金的数额不得超过用人单位提供的培训费用。用人单位要求劳动者支付的违约金不得超过服务期尚未履行部分所应分摊的培训费用。法律还规定，用人单位与劳动者约定服务期的，不影响按照正常的工资调整机制提高劳动者在服务期间的劳动报酬。

无效劳动合同

如果存在以下情况，劳动合同就是无效或者部分无效的：①以欺诈、胁迫的手段或者乘人之危，使对方在违背真实意思的情况下订立或者变更劳动合同的；②用人单位免除自己的法定责任、排除劳动者权利的；③违反法律、行政法规强制性规定的。当然，如果劳动合同是部分无效的，且不影响其他部分效力的，其他部分仍然有效。

劳动合同变更

用人单位与劳动者协商一致，可以变更劳动合同约定的内容。变更劳动合同应当采用书面形式。如果是用人单位变更名称、法定代表人、主要负责人或者投资人等事项，则不影响劳动合同的履行。如果用人单位发生合并或者分立等情况，原劳动合同继续有效，劳动合同由继承其权利和义务的用人单位继续履行。

作为劳动者，如果在工作中发现用人单位存在以下情形之一，便可解除劳动合同：①未按照劳动合同约定提供劳动保护或者劳动条件的；②未及时足额支付劳动报酬的；③未依法为劳动者缴纳社会保险费的；④用人单位的规章制度违反法律、法规的规定，损害劳动者权益的；⑤因用人单位以欺诈、胁迫的手段或者乘人之危，使劳动者在违背真实意思的情况下订立或者变更劳动合同，致使劳动合同无效的；⑥法律、行政法规规定劳动者可以解除劳动合同的其他情形。而且，用人单位以暴力、威胁或者非法限制人身自由的手段强迫劳动者劳动的，或者用人单位违章指挥、强令冒险作业危及劳动者人身安全的，劳动者可以立即解除劳动合同，不需事先告知用人单位。

劳动文化

“契约”一词源自拉丁文，在拉丁文中的原意为交易。契约精神是指存在于商品经济社会，由此派生的契约关系与内在原则，是一种自由、平等、守信、救济的精神。中国传统社会的契约精神以“仁”作为理论核心，以“义”作为价值导向，崇尚重义轻利的义利观。这决定了契约行为在义和利之间的平衡和取舍标准。正因为如此，契约精神在我们建设中国特色社会主义现代化国家的进程中要继续传承和发扬。请你查找相关资料，以思维导图的形式，从劳动契约的角度总结一下我国劳动关系的发展历程。

劳动文化之我见

身体力行

假如你是某职业院校的应届毕业生，正处于求职找工作时期，现在有一家公司的人事专员通知你面试已经通过且公司愿意录用你，请你去签订劳动合同。你所在的班级将开展“模拟招聘会”活动，请同学们分成两组进行角色扮演：一组扮演公司人事专员，负责拟定劳动合同；另一组扮演求职毕业生，负责找出合同中潜在的劳务风险。

“模拟招聘会”活动	
活动目的	1. 帮助学生认识劳动合同中具有争议的条款。 2. 让学生在就业时能够规避劳动争议。
活动时间	________ 年 ____ 月 ____ 日
活动地点	
活动准备	劳动合同应包含哪些内容？
活动过程	你认为劳动合同中有哪些潜在的劳务风险，有哪些法律条款可以支撑你的观点？
活动总结	劳动合同中常见的争议有哪些？

拓展阅读

让法律援助成为一件功德无量的事

“让心里长出一片绿油油的树林，撑起一片蓝天，这个季节，怎会一晃而过。”

这是2019年全国五一劳动奖章获得者余尘在他的诗集《又到秋天》里写到的一句话。

余尘，毕业于中国政法大学，获法学博士学位，北京市合达律师事务所专职律师，担任中华全国律师协会刑事专业委员会委员、北京市律师协会理事、北京市检察机关人民监督员等社会职务。余尘在获得全国五一劳动奖章前，还先后荣获过“司法部党员律师标兵”“首都劳动奖章”“北京市优秀律师”“北京市司法行政系统先进个人”“北京市优秀公益法律服务律师”“北京社会好人”等称号。

这些名誉的背后，是余尘在20多年的律师生涯中一点一滴的积累。他经常深入社区进行法律知识的宣传讲座，经常前往学校、部队等单位举办讲座，经常为多家行政机关进行大规模的行政法知识培训。他付出了大量时间，坚持做这些公益法律服务项目，也格外珍惜每一次的公益服务机会，只是想以绵薄之力默默推动法治进程的前移。他说：“律师是专业人士，专业的人就做专业的事。没有内容的时候，说什么都是虚的。”

余尘和他的律师事务所积极参与社区的维稳工作，主动担任居民之间纠纷的调解员，设立免费法律咨询室，不仅主动承担免费法律咨询义务，还免费为广大群众代理过大量的法律援助案件。余尘带领他的团队为弱势群体讨要工资提供法律援助，为外地来京务工人员子女的权益奔走……将法律的火种源源不断地撒到各单位、社区和老百姓中间。

在他身上，一方面表现出来的是作为一名专业律师的严谨思

【思考】

“你要真是做了点事，还是有人会记得你的。”你觉得余尘作为一名律师坚持开展法律援助是为了什么？遇到劳动纠纷，你会寻求法律援助吗？

维，另一方面表现出来的是作为一名司法人员对社会沉甸甸的责任。余尘说，他一定会坚持把法律援助工作做下去，因为“做好了，这是一件功德无量的事”。

（资料来源：作者根据网络相关资料整理改编而成。）

学习感悟

情境再现	电影《秋菊打官司》改编自陈源斌的小说《万家诉讼》，讲述了农村妇女秋菊为了向踢伤丈夫的村主任讨说法，不屈不挠逐级上告的故事，反映了人民群众法治意识的增强，我国法治建设也在不断地发展。
请观看该影片，并结合本任务的学习内容，做好如下总结思考。	
学习收获	从该影片和本任务的学习内容中，你收获了什么？
自我启发	结合该影片，谈一谈你对法治社会的理解。
学思感悟	请思考在未来的工作中如何借助劳动合同和相关法律维护自身合法劳动权益？

任务三 劳动争议处理

学习目标

1. 明确大学生求职中容易遇到的劳动争议问题。
2. 掌握处理劳动争议的方式。
3. 学会如何规避劳动争议问题。

案例探究

大学生兼职打工掉入求职陷阱

两个月前，大学生王灿灿和朋友加入了华商教育的暑培项目。但是暑期工作结束后，二人却迟迟拿不到工资。后来听说老板跑路了，他们急急忙忙赶到华商教育总部，却发现大门已经紧闭，查询企业信用信息时发现该公司已申请简易注销程序。他们早就听说大学生被兼职机构恶意欠薪的事件，却没想到这样的事发生在自己身上。

一位资深律师指出，在校大学生寒暑假兼职打工行为没有明确的救济主体，被恶意欠薪之后的维权路走得也很艰难。他说遇到这种情况，大部分学生会选择自认倒霉、息事宁人，这也是用工单位能够频繁欺骗大学生、榨取在校大学生劳动力的主要原因。当然，这位律师也指出，用工单位在简易程序注销的情况下，并不会影响临时兼职大学生向法院提起民事诉讼追回劳务费。

正常情况下，学生会与公司签订合作协议或者达成口头合同的，学生有权获得打工期间的工资收入及利润分成。但多数学生是没有签订合同的，即使签了合作协议书，其中也有不少问题，要么没有加盖公司公章，要么协议主体不适格，要么协议内容显失公平等，这样的协议本身就是无效的。

所以，大学生兼职打工要有风险防范意识，入职前要做好背

【思考】

大学生为了锻炼自己或体验生活感知挣钱的不易，想利用假期去校外打短工，可能会遇到哪些事情？应该做好哪些准备？

景调查，在签订劳动合同时要擦亮眼睛，仔细研读劳动合同中约定的条款，尽量避免掉入某些不良机构的求职陷阱。

（资料来源：作者根据网络相关资料整理改编而成。）

知识领悟

劳工关系中常见争议

工伤

工伤是指劳动者在从事职业活动或者与职业活动有关的活动所遭受的人身伤害和职业病。构成工伤的条件为劳动者必须与用人单位之间存在劳动关系，且劳动者在履行工作职责的过程中遭遇工伤事故并受到实质性人身伤害。属于法律、法规规定的其他工伤情况还包括：工作时间前后在工作场地从事预备性或收尾性工作且受到事故伤害；在工作时间内因工作原因受到暴力伤害；因工作原因患职业病；因公外出期间受到损害或失踪；上下班途中受到非本人主要责任的交通事故等其他法律规定的情形。

解除合同

《劳动合同法》第三十七条规定：劳动者提前30日以书面形式通知用人单位，可以解除劳动合同。劳动者在试用期内提前3日通知用人单位，可以解除劳动合同。若用人单位想要辞退劳动者，应当提前30日以书面形式通知劳动者本人或者额外支付劳动者一个月工资。

经济补偿

用人单位应当向劳动者进行经济补偿的情况有：①经双方协商一致，用人单位单方面想要辞退雇用者；②用人单位提前30日通知劳动者解除合同；③用人单位裁员；④企业破产或注销；⑤因公司过错，劳动者提出解约。

用人单位存在以下情况的，劳动者可以依法向劳动行政部门提出申请，要求其支付劳动报酬：①未按照就业协议或劳动合同约定足额支付劳动报酬；②低于该地区最低工资标准；③不支付加班工资；④解除劳动合同后未依法补偿劳动者。

违约金

1）服务期违约。部分用人单位因为工作需要对劳动者提供了专项培训费，因此在双方签订劳动合同中约定了服务期限的，劳动者应当遵守服务期规定，若在服务期内解除劳动合同，应当按照合同约定赔偿用人单位违约金，但违约金的金额不能超过用人单位提供的培训费用。

2）保密或竞业限制违约。劳动者应当按照劳动合同约定遵守用人单位的商业秘密或知识产权保密协议，用人单位可以在保密协议或劳动合同中约定劳动者的竞业限制条款，并在双方解除合同关系后在竞业限制期限内给予劳动者相应的补偿。若劳动者违反竞业限制约定，应当向用人单位按照约定支付违约金。

劳动者的维权途径

劳动者在权益受到侵犯或遭遇不公平对待时，应当依法寻求帮助，主要途径有以下 6 种。

双方协商解决

对于责任划分明确或争议不大的纠纷，劳动者可以直接与用人单位协商解决，确定赔偿金额或其他补偿方式，达成新的协议。

寻求学校帮助

若劳动者为即将毕业的学生，初入社会将面临许多风险与挑战，学校是保障学生权益的后盾，在遇到劳动纠纷时可以向学校的学生就业指导中心寻求帮助，尤其是学校推荐就业的用人单位，可以请求学校出面调解，学校将站在维护学生权益的角度与用人单位沟通，解决双方纠纷。

向劳动保障监察部门举报投诉

《劳动法》第八十五条规定：“县级以上各级人民政府劳动行政部门依法对用人单位遵守劳动法律、法规的情况进行监督检查，对违反劳动法律、法规的行为有权制止，并责令改正。”

当劳动者被用人单位侵犯合法的劳动权益并经双方协商无效后，可以向用人单位所在地的劳动保障监察部门举报并积极提供佐证资料，维护自身合法权益。

劳动争议仲裁

除向劳动保障监察部门举报投诉外，劳动者在面临劳动纠纷时，经双方协商解决无果后，可向用人单位所在地的劳动争议仲裁委员会要求仲裁。劳动者应自争议发生之日起 60 日内向劳动争议仲裁委员会提出书面仲裁申请。劳动争议仲裁委员会受理的劳动争议范围包括：因确认劳动关系发生的争议；因订立、履行、变更、解除和终止劳动合同发生的争议；因除名、辞退和辞职、离职发生的争议；因工作时间、休息休假、社会保险、福利、培训以及劳动保护发生的争议；因劳动报酬、工伤医疗费、经济补偿或者赔偿金等发生的争议；法律、法规规定的其他劳动争议。

劳动诉讼

劳动争议仲裁结束后，当事人双方若有对仲裁裁决结果不满意的，均有权在收到仲裁裁决书之日起 15 日内向人民法院起诉。人民法院不予受理未经劳动争议仲裁委员会仲裁的劳动争议案件。

舆论监督

劳动者面对劳动纠纷时可以向新闻媒体寻求帮助，发挥媒体的舆论监督作用。通过媒体将用人单位的侵权行为曝光，引起相关部门重视，引发社会关注，从而有效解决纠纷。

全国统一的劳动保障公益服务专用电话“12333”，为劳动者提供劳动保障咨询服务和劳动保障政策解读服务。

劳动文化

当劳动者与用人单位之间出现须自行协调解决的劳动纠纷时，可以通过由政府设立的劳动争议仲裁委员会进行仲裁裁决。劳动仲裁既可以解决劳动争议、化解双方矛盾、保障当事人权益，又可以有效地维护社会稳定。大学生在就业过程中经常会遇到各类劳动纠纷，很多问题在当事人双方沟通调解后依然无法得到解决，那么劳动仲裁就会在纠纷中起到决定性作用。请你根据劳动仲裁的相应程序，绘制一张劳动仲裁程序图。

劳动文化之我见

身体力行

作为一名职业院校学生，即将面临择业就业的人生选择。在就业市场中存在着各种各样的公司，学生在就业时总会遇到各种各样的问题。你所在的班级将选几名学生参加一次“模拟仲裁庭”活动，分角色扮演不同人物并进行互动交流，演示环节完成后，请你分析在就业过程中可能面临的风险及就业后应当履行的义务。

“模拟仲裁庭”活动	
活动目的	1. 帮助学生利用法律手段维护自身合法劳动权益。 2. 让学生学会规避就业风险。
活动时间	________年____月____日
活动地点	
活动准备	在“模拟仲裁庭”活动中分别有哪些角色？如何扮演好你的角色？
活动过程	在“模拟仲裁庭”活动中，你遇到了什么劳动纠纷？
活动总结	在就业过程中会面临哪些风险？就业后应当履行哪些义务？

拓展阅读

《中华人民共和国民法典》中的劳动保护

2020 年 5 月 28 日，第十三届全国人民代表大会第三次会议通过了《中华人民共和国民法典》（以下简称《民法典》），2021 年 1 月 1 日施行。

下面我们来看看《民法典》中与劳动者、提供劳务者保护的相关内容。

一、个人之间的劳务关系中遭遇受伤怎么办？

《民法典》第一千一百九十二条规定："个人之间形成劳务关系，提供劳务一方因劳务造成他人损害的，由接受劳务一方承担侵权责任。接受劳务一方承担侵权责任后，可以向有故意或者重大过失的提供劳务一方追偿。提供劳务一方因劳务受到损害的，根据双方各自的过错承担相应的责任。提供劳务期间，因第三人的行为造成提供劳务一方损害的，提供劳务一方有权请求第三人承担侵权责任，也有权请求接受劳务一方给予补偿。接受劳务一方补偿后，可以向第三人追偿。"

二、工作人员执行工作造成他人受伤怎么办？

《民法典》第一千一百九十一条第一款规定："用人单位的工作人员因执行工作任务造成他人损害的，由用人单位承担侵权责任。用人单位承担侵权责任后，可以向有故意或者重大过失的工作人员追偿。"

三、工作中遇到性骚扰怎么办？

《民法典》第一千零一十条规定："违背他人意愿，以言语、文字、图像、肢体行为等方式对他人实施性骚扰的，受害人有权依法请求行为人承担民事责任。机关、企业、学校等单位应当采取合理的预防、受理投诉、调查处置等措施，防止和制止利用职权、从属关系等实施性骚扰。"

【思考】

《民法典》与我们的生活息息相关、密不可分。你认为它为何被称为"社会生活的百科全书"呢？

四、工作后遇到单位名称、法定代表人变更时怎么办？

《民法典》第五百三十二条规定："合同生效后，当事人不得因姓名、名称的变更或者法定代表人、负责人、承办人的变动而不履行合同义务。"

（资料来源：作者根据网络相关资料整理改编而成。）

学习感悟

情境再现	2019年，一部普法微电影《职工的权益》受到社会的普遍好评。该影片讲述了某公司的主要研发人员曾涛因一次实验不慎受伤后，不仅没有获得工伤赔偿，还被公司解除了劳动合同。面对受伤、失业、母亲患病等一连串的事情，曾涛遭受了沉重的打击，他感到迷茫无助。幸运的是，他在好心人的帮助下选择通过劳动仲裁来维护自身的合法权益，妥善地解决了矛盾纠纷，最终获得了赔偿并重返岗位。
请观看该影片，并结合本任务的学习内容，做好如下总结思考。	
学习收获	从该影片和本任务的学习内容中，你收获了什么？
自我启发	结合该影片和本任务的学习内容，谈一谈你对劳动权益保护的认识。
学思感悟	请根据自己的理解，谈一谈在未来的求职中你可能会面临哪些风险，可以采取哪些途径来维护自身合法劳动权益？

主题五

探究职业发展

故古之为车也，漆者不画，凿者不斫，工无二伎，士不兼官，各守其职，不得相奸，人得其宜，物得其安。

——出自《淮南子 · 主术训》

秋浦歌 · 其十四

［唐］李白

炉火照天地，红星乱紫烟。

赧郎明月夜，歌曲动寒川。

课程思政教学要点

【思政教学目标】

1. 教育学生树立健康的职业道德意识和优秀的职业品格。
2. 帮助学生理解工作世界的变化和职业发展的重要性。
3. 引导学生树立正确的职业选择观，理性应对未来职场变化。

【思政教学要点】

1. 社会主义核心价值观。
2. 中国特色社会主义市场经济建设。

【思政教学内容】

1. 优秀传统文化与职业道德修养。
2. 职业技能养成与人生价值实现。

【思政教学设计】

本主题重点学习职业道德规范、职业技能养成、新型职业应对。通过案例、视频等材料，帮助学生理解社会主义职业道德规范的内容，掌握提升职业技能的方法，积极适应和应对新型职业。

不仅职业会随着经济社会发展的变化而变化，劳动者的职业能力也会随着时间的推移和内外部条件的变化而变化。职业发展是劳动者致力于个人职业道路的探索、建立、取得成功和成就的终身职业活动，也是组织有效开发人力资源、确保组织需要的岗位有充足人选的方法。

通过对劳动模范或先进工作者事迹的学习，展示平凡职业的不平凡业绩，体会他们用真诚奉献与爱岗敬业的精神塑造的劳动成果，感受劳动成就精彩人生。

结合经济社会的发展，以新中国成立以来取得巨大成就为背景，引导学生树立正确对待职业的态度，将个人发展与国家需要、社会进步、民族复兴等紧密结合，紧紧把握时代脉搏，不断适应形势发展，做一名合格的新时代劳动者。

任务一 职业道德规范

学习目标

1. 了解职业道德的含义。
2. 掌握社会主义职业道德基本规范的内容。
3. 激发学生自觉遵守职业道德规范。

案例探究

用扫帚舞动激情人生

太阳还未升起，被称为“城市美容师”的环卫工人早已穿梭在城市的大街小巷。南宁市西乡塘区环卫站清扫保洁队副经理玉燕玲就是其中一位，无论刮风下雨还是严寒酷暑，她长期奋战在一线。

凌晨3时，玉燕玲已经拿着扫帚、推着环卫车开始一天紧张的工作，直到晚上7时，她才拖着疲惫的身体回家休息。由于工作忙碌，她经常缺席两个孩子的家长会，她的丈夫总开玩笑说她是一个“不顾家”的女人，把家变成“旅社”了，白天见不到人，晚上吃完饭就休息。

哪里的任务最艰巨，哪里就有她的身影。玉燕玲主动要求负责秀厢大道的清洁任务，这是重要的交通干道，清扫保洁工作的难度大大高于其他路段。她几乎没有下班的概念，只要一接到新任务，总能以最快的速度到达现场。每平方米地面扬尘不能超过5克，白色垃圾落地10分钟内要捡拾起来，路缘石边不能长杂草……对于如此高标准的环卫保洁评比例检和质量检查，玉燕玲每个月总是排在队里前两名，是环卫工中的佼佼者。

【思考】

对工作极为挑剔苛刻，但心中怀有坚定信念的玉燕玲在平凡的岗位上做出了不平凡的成绩。她的事迹对你有什么启发？

2020 年 11 月，玉燕玲荣获“全国劳动模范”荣誉称号。

从北京载誉归来，玉燕玲表示：“幸福、自豪、激动！这是至高无上的荣誉，这份荣誉属于全体基层环卫工人，我将牢记总书记的话，珍惜荣誉，永葆劳模本色。”

（资料来源：作者根据网络相关资料整理改编而成。）

知识领悟

职业道德的含义

职业道德是同人们的职业活动紧密联系的符合职业特点所要求的道德准则、道德情操与道德品质的总和。它既是对职业技能在工作中行为的要求，又是职业反映社会的道德责任与义务。

职业道德的含义包括以下 8 个方面：①职业道德是受社会共同认可的一种职业规范；②职业道德是经历长时间自然形成的；③职业道德没有确定形式，通常表现为观念、习惯、信念等；④职业道德依靠文化、内心信念和习惯，通过员工的自律实现；⑤职业道德绝大部分都没有特定的约束力和强制力；⑥职业道德的主要内容是对员工义务的要求；⑦职业道德标准多元化，根据企业的不同有各自的价值观体现；⑧职业道德承载着企业文化和凝聚力，影响深远。

社会主义职业道德规范

社会主义职业道德是社会主义社会所有的劳动者在本职工作中必须遵守的基本行为准则。用它作为判断劳动者职业行为优劣与否的具体标准，同时也是在职业工作中对社会主义道德的反映。社会主义职业道德规范包含 5 个方面：爱岗敬业、诚实守信、办事公道、服务群众和奉献社会。

爱岗敬业

爱岗敬业是社会主义职业道德的基本要求，是对劳动者工作态度的普遍要求。爱岗就是热爱自己的工作岗位，热爱自己的本职工作。敬业就是用一种恭敬严肃的态度对待自己的工作。

爱岗敬业要求我们做到以下 4 点。①树立正确的择业观，消除职业偏见。不同的职业，只是社会分工不同，没有高低贵贱之分。②树立强烈的事业心和责任感。事业心和责任感是个人敬业、勤业，履行职责，克服一切困难，出色完成本职工作的内在动力。③热爱本职工作、扎实工作，这是爱岗敬业的前提。每一个劳动者都要有“干一行、爱一行、钻一行”的敬业精神。④忠于职守，尽职尽责。虽然岗位、职业可能有多次变动，但对工作的态度始终都应当是勤勤恳恳、尽职尽责。

诚实守信

诚实守信是做人的基本准则，也是社会道德与职业道德的一个基本规范，还是社会主义职业道德规范最基本的道德规范之一。诚实，就是忠诚老实、真实无妄。守信，就是要信守诺言，讲信誉，重信用，言出必行，忠实地履行自己承担的职责和义务。

做到诚实守信有以下要求：①要认识诚信对于推进社会进步的重要作用，立志做一个诚实守信的人；②要身体力行地做一个有诚信的人，时时、事事、处处实事求是；③要诚实地工作，不偷奸耍滑，不虚报劳动成果，不谎报政绩；④要慎重承诺，答应别人的事情一定要办到；⑤要诚心诚意地帮助自己的朋友和家人做到诚实守信。

办事公道

办事公道是指从业人员在从事职业活动、行使职业权力时，应当站在客观公正的立场上，按照同一标准和同一原则，公平合理地做事和处理问题。简单地说，就是公平、公正、合理，秉公办事，主持正义。可见，办事公道是处理职业内外关系的行为准则。

要做到办事公道，必须做到以下几点：①公私分明，不谋私利，不利用职务便利为自身谋取利益是抵制诱惑、不惧外界干扰和压力，办事公道的基础；②公正无私、不徇私情，在对人和处事上都不能搞双重或多重标准；③去除私心，不计较个人得失，不畏各种权势，为了公众利益，为了公道和正义，敢于向权势作斗争，敢于硬碰硬，坚持按规定、按程序秉公办事。

服务群众

服务群众就是为人民群众服务。劳动者通过服务，谋求社会发展、实现共同幸福。服务群众是实实在在的生活方式，也是职业道德要求的一个基本内容，还是社会主义职业道德的核心准则，它能体现职业道德的基本精神。服务群众是为人民服务精神更集中的体现。

服务群众要做到以下几点。①要热爱人民群众，树立全心全意为人民服务的思想，关心群众，爱护群众，以维护群众利益为最高准则。②要尊重群众。正确认识自己同群众的关系，职业同群众的关系。离开了人民群众每个人将一事无成。因此，我们一定要尊重群众，始终与群众保持血肉联系，只有这样才能无往而不胜。③方便群众，让群众满意。时时想着给群众便利，在小事中也要为群众着想，为群众提供便利，尽到自己应尽的职责。对群众应一视同仁，热情服务。④要文明服务。在履行相应的职业义务时，一要举止文明，二要语言文明，三要正确执行文明规范制度。⑤要努力提高服务质量，精益求精。服务群众也要与时俱进，不断创新服务的内容和手段，提高服务效率和服务水平。

奉献社会

奉献社会就是积极主动地向社会提供贡献。这是社会主义职业道德的本质特征。奉献社会始终将会在爱岗敬业、诚实守信、办事公道和服务群众中得到体现。奉献和个人利益是辩证统一的。奉献是不论从事何种职业，从业人员的目的不是为了个人、家庭，而是将有益于他人作为宗旨，为了有益于国家和社会。奉献更多意味着对自身利益的一种自觉的舍弃。

劳动文化

劳动必须具备诚信的品质。2001 年 4 月 16 日，国务院总理朱镕基在视察上海国家会计学院时，为该校题写的校训是“不做假账”。同年 10 月 29 日，他视察北京国家会计学院时题词“诚信为本，操守为重，遵循准则，不做假账”。不论是生产劳动还是服务性劳动，诚信务实、恪守信誉，反对弄虚作假、欺瞒哄骗，这是社会主义职业道德的基本要求。如今，国家提出建设知识型、技能型、创新型劳动者大军，请你查找有关资料，结合《新时代公民道德建设实施纲要》要求，谈一谈你对“职—德”关系的理解。

劳动文化之我见

身体力行

对于涉世未深的职业院校学生来说，对社会和职场的了解多数处在主观臆想或道听途说的阶段。如何更好地进入社会和职场，并在职场中不断地超越自我，是职业院校学生疑惑却不得其法的难题。为此，你所在学校举办了一场“职场模拟训练营”活动，作为一名在校学生，请你积极参与此次活动并做好相应记录。

“职场模拟训练营”活动	
活动目的	1．帮助学生体验职场环境，提前做好熟悉职场的准备。 2．帮助学生培养职业道德，提升职业技能，提高综合素养。
活动时间	________年____月____日
活动地点	
活动准备	在进行“职场模拟训练营”活动前，应做好哪些准备？
活动过程	你在“职场模拟训练营”活动中做了哪些方面的训练和提升？
活动思考	通过参加此次“职场模拟训练营”活动，你认为自己在职业道德、职业技能方面还需要哪些提升？

拓展阅读

中国邮政，使命必达

4.20 元，够做什么？一杯豆浆，一个肉包子，这样一顿早餐，或许吃不饱。但在中国邮政，4.20 元可以把一封挂号信从一个地方寄到另一个地方。

中国邮政数据显示，邮政有营业网点 5.41 万个、便民服务站 35.5 万个、村邮站 10 万个，服务网点乡镇覆盖率达到 100%，其中 74% 的邮政所位于农村。配送到这些地方，可能得赶驴车，可能得划小船，可能得翻越雪山。在川藏线康定至德格路上，有一条全国最危险的邮路。这里起步就要翻越海拔 4 200 多米的折多山，弯多路险。在最险的雀儿山路段，道路最窄处不足 4 米，仅容一辆大车缓慢通过。夏天，这里常会发生塌方和泥石流，车胎碾过碎石路，一不小心就会爆胎。冬天，气温最低的时候在零下 40℃，道路被冰雪覆盖，积雪有时将近半米深，如果再遇上“风搅雪”，在弯弯曲曲又结冰的山路上，即使经验丰富的司机也不敢贸然行驶。就连当地人都说，这是一条距离死神最近的路。但康巴汉子其美多吉在这条“离死神最近的路”上跑了 30 年，行程 140 多万千米，相当于绕地球 35 圈。其美多吉说：“我小时候，高原上的车很少，在我家乡，第一份报纸是邮车送进来的，第一份中专生的录取通知书是邮递员送来的……”这些都是乡亲们的期盼和希望。所以，就算一个月只收寄一个快件，这条邮路也不能断。对中国邮政来说，这是一种责任，赔钱也得做。

（资料来源：作者根据网络相关资料整理改编而成。）

【思考】

“凡是中华人民共和国领土范围内，中国邮政都能到。”赔钱也要干，你从中看到了什么？

学习感悟

<table>
<tr><td>情境再现</td><td>电影《烈火英雄》以真实发生的“大连 7·16 油爆火灾”为原型，讲述了消防救援人员不惧烈火、不畏生死、不怕困难的精神。该影片用独特的荧幕表现形式，展现了中国消防救援人员在烈焰的炙烤下用血肉铸成人民的生命防线，捍卫祖国和人民群众生命财产安全的故事。</td></tr>
<tr><td colspan="2">请观看该影片，并结合本任务的学习内容，做好如下总结思考。</td></tr>
<tr><td>学习收获</td><td>从该影片和本任务的学习内容中，你对消防救援人员这一职业有什么新的看法？</td></tr>
<tr><td>自我启发</td><td>消防救援人员的哪些精神值得我们学习？</td></tr>
<tr><td>学思感悟</td><td>根据你所参加过的某一项劳动经历或社会实践，谈一谈该项工作的职业使命和职业道德是什么。</td></tr>
</table>

任务二　职业技能养成

学习目标

1. 了解职业技能的含义。
2. 了解职业技能的特点和分类。
3. 激发学生自发培养职业技能的意识。

案例探究

巾帼不让须眉的“钢铁侠”

封帆于1990年分配到重庆钢铁（集团）有限责任公司（以下简称“重钢集团”）从事高炉自动化系统的维护和研发工作，她凭借自己的努力，从技术人员到班长，到自动化运维部总经理，到现在担任重钢集团电子有限责任公司运维部党支部书记、总经理。

在2008年重钢集团开展产业转型升级改造期间，封帆以钢铁制造系的自动化工程技术人员的身份进入“三电”指挥部，主持重庆“一号工程”——重钢新区炼铁自动化系统的设计与建设工作。面对全新的挑战，封帆毫不迟疑地担起了整个炼铁控制系统最核心部分的工作责任，即1#、2#、3#、4#高炉自动化控制系统的设计、安装和调试。她大胆摒弃当时较为普遍使用的单一式可编程逻辑控制器技术，提出了创新性现场、过程、管理全体系集成信息化控制架构。她带领项目组全体人员在工地板房里一住就是3个月，其间她总是亲力亲为，修改设计方案数十个，亲手绘制设计图纸不下百张，也正是因为这份坚持，为重钢新区的快速投产高效运营提供了可靠的自动化和信息化保障。

封帆和她的技术团队在重钢新区建设工程一干就是3年多，将不可能完成的任务变成了现实并取得了成功。封帆先后被推荐

【思考】

面对荣誉，封帆说：“我的小伙伴团队是最棒的。”对此，你如何看呢？

成为重庆市第五次党代会代表候选人、重庆五一劳动奖章获得者、重庆市五一巾帼标兵、2019 巴渝工匠年度人物。

（资料来源：作者根据网络相关资料整理改编而成。）

知识领悟

职业技能定义

职业技能是指在职业状态里能有效利用专业知识、遵守职业道德规范、践行职业态度的能力，包括脑力技能、个人技能、交流沟通技能、组织和管理技能等。不断提升自身各方面的技能，对职业发展能起到很好的帮助作用。提高职业技能，不仅能应对社会发展，满足时代进步的需求，还能为自身职业生涯谋得长远发展。

职业技能的特点

职业技能不同于其他技能，具有职业的特定性，根据职业类型展现独有的特性，它有如下 4 个典型特点。

1）时代性。基于所处的时代不同，同一种职业技能，其要求也不同。

2）专业性。不同的职业具有独特的专业特征性。

3）层次性。各种职业技能有着不同的层次。

4）综合性。每一种职业技能都有综合性的特征。

职业技能的分类

现代社会是发展和分工细化的时代，越来越多的职业、工种和岗位诞生了，虽然各种职业岗位的职责和要求不同，但各种职业却拥有很多相通或共同的职业功能模块和职业技能模块。针对不同的职业、工种和岗位领域，都有专业性的职业特定技能。从总体数量上来看，它们是最多的，而从职业适用的范围来看，它们是最狭窄的。对于同一个行业中，又存在一定数量的共同适用的技能，可以将其归类为行业通用技能，虽然它们在数量上比职业特定技能要少，但适用范围能够涵盖整个行业领域。

职业特定技能

职业特定技能的范围，是国家职业分类大典划分的范围。例如，我国划分为 1 636 个职业，目前国家职业标准的制定，以及相应职业资格认证考核活动均以此为限进行。

行业通用技能

行业通用技能的范围要广于职业特定技能。它是在一组特征和属性相同或者相近的职业群中体现出来的共性技能和知识要求。

核心技能

核心技能是范围最窄、通用性最强的技能，是人们在职业生涯甚至日常生活中必需的，并能体现在具体职业活动中的最基本的技能。核心技能具有普遍的适用性和广泛的可迁移性，其影响辐射到整个行业通用技能和职业特定技能领域，对人的终身发展和终身成就影响极其深远。核心技能包括以下八大类。

1）交流表达能力。通过口头或者书面语言表达形式及其他适当形式，准确清晰地表达主体意图，与他人进行双向（或者多向）信息传递，以达到相互了解、沟通和影响的能力。

2）数字运算能力。运用数学工具，获取、采集、理解和运算数字符号信息，以解决实际工作中的问题的能力。

3）革新创新能力。在前人发现或者发明的基础上，通过自身努力，创造性地提出新的发现、发明或者改进革新方案的能力。

4）自我提高能力。在学习和工作中自我归纳、总结，找出自己的强项和弱项，扬长避短，不断地加以自我调整和改进的能力。

5）与人合作能力。在实际工作中，充分理解团队目标、组织结构、个人职责，在此基础上与他人相互协调配合的能力。

6）解决问题能力。在工作中把理论、思想、方案、认识转化为操作或工作过程和行为，以最终解决实际问题、实现工作目标的能力。

7）信息处理能力。运用计算机技术处理各种形式的信息资源的能力。

8）外语沟通能力。在工作和人际交往活动中运用外语的能力。

职业技能养成

养成职业技能主要有两种途径：生产劳动和服务性劳动。

在信息化高速发展的时代，生产劳动不能单纯地定义为体力劳动，而是体现在需要开拓性思维的脑力劳动上，特别是在科技飞速发展的背景下，将会催生出许多新的生产劳动形态。

参加生产劳动对于掌握职业技能有着促进意义，掌握职业技能能够更好地适应工作岗位，培养劳动价值观和创新意识，热爱并尊重劳动，打造制造强国。由此，学生应当积极参加实习实践，通过进入专业对口的企业单位或者车间，在实际的工作岗位上直接参与生产，将理论和生产实践结合起来，并完成确定量的生产任务，构建起体验式、学习式的生产性劳动。

服务性劳动是通过知识、技能等向个人、企业、社会提供服务，能够提高个人福祉，以促进企业发展、国家和社会事业进步为目的的活动。

参加服务性劳动更能体现个人职业技能价值的意义，能够发挥专业特长，提高职业技能。服务社会和他人，建立正确的世界观、人生观、价值观，勇于奉献和担当，展现时代精神。由此，学生应利用专业所长，积极参加服务性劳动。通过向企业提供技能支持、劳动服务，向社会提供义务劳动，在历练个人劳动技能的同时，既能服务和回馈社会，又能更充分地实现个人价值。

劳动文化

我们的日常生活中存在着各种各样的职业，每一个职业都是平等的，每一个职业都有它存在的意义，承担着不同的社会责任和使命。2021 年 4 月，全国职业教育大会创造性地提出了“建设技能型社会”的理念和战略，形成国家重视技能、社会崇尚技能、人人学习技能、人人拥有技能的社会氛围，助力中华民族伟大复兴中国梦的实现。毫无疑问，政府、行业、企业、学校、社会组织、家庭、劳动者等都是技能型社会建设的主体。

为了让学生对职业有更深层次的理解和认识，学校决定举办一次主题为“对话职业理想”的活动，希望同学们利用所学知识和所擅长的技能，把自己最想从事的职业展现出来。下面请结合自己的专业，以诗歌、绘画或者手工作品的方式把自己心目中理想的职业表达出来。

劳动文化之我见

身体力行

职业院校的学生需要努力成为具有技能、技术和管理能力的高素质复合型人才，职业技能大赛是职业院校学生提升专业技能的最佳练兵场。你所在的班级将组织一场“职业技能大比拼”微型职业技能大赛，请积极参与并将参赛过程记录下来。

“职业技能大比拼”微型职业技能大赛	
活动目的	1．帮助学生喜爱专业、学好专业，未来热爱职业岗位。 2．提高学生的专业技能，强化学生职业素养和综合素质。
活动时间	________年____月____日
活动地点	
活动准备	在正式比赛前，你做了哪些专业训练和准备？
活动记录	请记录比赛项目内容、比赛评判过程和比赛结果。
活动总结	请结合自身的专业领域，总结此次活动的心得体会。

拓展阅读

机器取代劳动力正愈演愈烈

自工业革命以来，机器替代人力的情况一直在不断地发生，这一趋势在未来将会显著加速。牛津大学研究团队对美国 702 种职业人群进行研究后认为，鉴于大数据智能化服务在食品、办公、行政、销售和其他服务领域的普及，到 2035 年，半数美国工人将目睹自己的工作被自动化所取代，如电话营销员、手工裁缝、统计师、修表匠、纳税申报员、货运商、图书馆技术员等职业被自动化取代的可能性很高。也有一些职业，如机修工、应急管理主管、心理健康师、职业理疗师、健康保健员、牙医、营养学家等被取代的可能性极低。当然，在机器分拣员、无人驾驶汽车、移动传感器等人工智能走进人们生活的同时，一些新的工作机会也应运而生。

同样的情况在我国也在发生。随着高速公路全面实行 ETC（electronic toll collection，电子不停车收费系统）联网收费，每个收费站只留一个人工收费窗口，其余全部改成自动收费，这意味着高速公路收费员将失业。近年来，我国钢铁企业大力推进智能化建设，进行设备智能升级改造，越来越多的机器人走入铁、钢、轧各条生产线，工作内容涉及连铸机加渣、测温取样、自动打捆、自动喷号、冶炼分析、拉伸实验等各个工序环节，它们承担了更加多样化、灵活性的任务，导致大量传统劳动密集型职业岗位消失。

对此，我们要清醒地认识到，时代在进步，科技在发展，总有一些职业会被淘汰。所有劳动者都应调整心态面对现实，不能等靠要，也不能寄希望于一劳永逸的工作，“铁饭碗”的意义并不是让你守着一个看似稳定、旱涝保收的岗位吃饭，而是紧跟时代步伐，凭借自己的能力和技能，保证到哪都有饭吃。在某个地方“躺平”，享受安逸并不可取，要敢于跳出舒适区，在这种职

【思考】

收费站工作人员说：“除了收费，我们啥也不会。”作为新时代职业院校的一名学生，你认为应该修炼哪些技能才能应对这种挑战？

业转折的阵痛期，谁先走出来，谁先重生，谁就不被时代所抛弃。

（资料来源：作者根据网络相关资料整理改编而成。）

学习感悟

情境再现	纪录片《港珠澳大桥》在第六届优秀国产纪录片项目表彰中获评优秀国际传播类纪录片。该记录片呈现了这一被英国《卫报》称之为“现代世界新七大奇迹之一”超级工程的伟大之处。港珠澳大桥全长55千米，作为世界上最长的跨海大桥，像一根银线串起了香港、珠海、澳门三地。它包括22.9千米的钢结构主体桥梁，4个人工岛和一段6.7千米的世界最长海底沉管隧道。港珠澳大桥项目作为中国从桥梁大国走向桥梁强国的里程碑之作，被业界誉为桥梁界的“珠穆朗玛峰”。
请观看该纪录片，并结合本任务的学习内容，做好如下总结思考。	
学习收获	从该纪录片和本任务的学习内容中，你收获了什么？
自我启发	在当今科学技术飞速发展的时代，如何在工作中修炼职业核心技能？
学思感悟	作为一名职业院校学生，谈一谈通过专业实训课程你所领悟到的职业精神有哪些。

任务三　新型职业应对

学习目标

1. 了解新职业的含义。
2. 了解现阶段新职业的特点和分类。
3. 激发学生认识并接受新职业的意识。

案例探究

一路探“月”奔“火”

孙泽洲于 1992 年从南京航空航天大学电子工程专业毕业后，进入航天科技集团某院成为一名技术人员，主要参与了“实践五号”卫星、“资源一号”卫星等多个卫星的研究和开发任务。

孙泽洲刚毕业时，所做的工作枯燥乏味，怀揣着梦想的他未免产生失落感。但他及时调整自己的心态，无论什么样的工作，他都高标准地严格要求自己，尽力做到最好。当工作稍有闲暇时，他便把单位以前的技术文件翻出来钻研。经过坚持不懈的努力，2016 年孙泽洲被任命为中国火星探测任务和“嫦娥四号”探测器任务的“双料”总设计师，一面飞“月球”，一面奔“火星”。

2019 年 2 月 20 日，习近平总书记会见了探月工程“嫦娥四号”任务参研参试人员代表。站在前排的孙泽洲心情十分激动，习近平总书记会见探月工程“嫦娥四号”任务参研参试人员代表时的场景是他这辈子都无法忘记的。

2019 年 1 月 3 日，“嫦娥四号”探测器顺利在月球背面预选区着陆。孙泽洲激动地回忆说：“总书记对我们作出的重要指示让我们备受鼓舞，也指引着我们不断追求新的梦想，不断实现新的突破。”“嫦娥四号”探测器顺利着陆是中国探测器在月球背面留下世界探月史上的第一行足迹，这不仅揭开了古老月球背面的

【思考】

孙泽洲用奋斗谱写不悔青春，为实现中国梦，始终马不停蹄地拼搏着。你在学习和工作中如何发扬这种努力拼搏、勇于探索的精神？

神秘面纱，更开启了人类探索宇宙奥秘的新篇章。

（资料来源：作者根据网络相关资料整理改编而成。）

知识领悟

新职业的含义

随着社会发展和时代变迁，我国的产业结构正在由传统制造业向数字化转型，同时我国正处于互联网蓬勃发展时期，互联网经济正改变着我们的生活，互联网经济和数字化经济的新经济形态已经悄然崛起。新经济是指传统制造工业经济的形态转变成新的科技经济形态，已经成为助力我国经济高速发展的重要引擎。

与新经济崛起同时出现的还有源源不断的新职业。最早的时候，新职业是指《中华人民共和国职业分类大典》中未收录的，社会经济发展中已有一定规模的从业人员，且是具有相对独立成熟的专业、技能要求的职业。2004 年 8 月 19 日发布第一批 9 个新职业以来，至 2022 年 6 月 14 日共发布了 10 多批新职业，如企业合规师、易货师、汽车救援员、调饮师、食品安全管理师、服务机器人应用技术员、电子数据取证分析师、建筑幕墙设计师、碳排放管理员、管廊运维员、酒体设计师、智能硬件装调员、工业视觉系统运维员等。

2022 年 7 月 11 日，人力资源社会保障部向社会发布了《中华人民共和国职业分类大典（2022 年版）》的公示稿，它是以 2015 年版为基础，将近年来已发布的新职业纳入其中。现在，新职业可以指全新职业，也可以指更新职业，前者是随经济社会发展和技术进步而形成的新的社会群体性工作，后者是因技术更新产生较大变化而让从业方式与原有职业相比已发生质的变化的工作。

如今，新职业机会从最初的消费端逐步向生产端蔓延，城归族返乡创业成新农人，成为助力乡村振兴的新动力；大国科技呼唤“高精尖缺”人才；新经济发挥着它固有的活力，养老、职业教育、冰雪运动等领域的民生需求多元化的提高也催生着新兴职业的兴起；小众爱好走进大众视野，崛起为大众产业，衍生出广阔的发展前景和机会；绿色低碳引领经济变革，重塑职业新风尚。

新职业的种类

近年来，最为热门的行业是新媒体行业，随着新媒体行业的持续火热，新媒体作为一个推手向各行各业延伸发展。同时，在国家全面实施乡村振兴战略的背景下，年轻人也开始从城市返回家乡进行创业活动，成为新农人。新农人为乡村带来创新发展，促进城乡双向消费交流互动，通过电商等方式用数字化服务助力乡村经济振兴。与新经济相关的农村新职业不断涌现出来，如农民直播销售员、无人机驾驶员、农业职业经理人、民宿主理人、乡村导游等新农人群体不断壮大。

新一轮产业革命的数字化、网络化、智能化和服务化，不仅催生出就业创业的新形态，还孕育出数字化管理师、建模与仿真工程师等新职业。这些新经济和新职业让技术真正落地，让未来提前到来。数字经济的快速发展，对择业、就业影响深远，如AI（artificial intelligence，人工智能）算法工程师、人工智能服务解决方案架构师等新型数字岗位不断涌现。同时，数字化仓储师、供应链管理师这类传统岗位的数字化需求也在增加。

当前，我国进入从轻度老龄化社会迈入中度老龄化社会的阶段，催生了为老年人群体提供医护外保证的新职业，如帮助空巢老人挂号、排队、跑腿、拿报告，为初老人群制定退休后生活规划、规避养老风险，评估老年人能力等级并给出照护建议与方案等的陪诊师、老年人能力评估师、养老规划师等新职业如雨后春笋般出现。

当代年轻人不再将职业选择偏向稳定工作地点和固定工作时长，而是更加追求高品质生活，走出创新的职业道路。由此，市场规模已达千亿的懒人经济也在改变职业结构和促进经济转型，展现出广阔的发展前景，不断创造出新的职业机会。例如，代收垃圾网约工、跑腿员、外卖员等新职业不断涌现。

双碳经济快速增长，产业转型升级加速，战略性新兴产业迎来高增长空间。与双碳经济相关的新职业也得以出现，如碳排放管理员、节能评估师、垃圾分类工程师等。这些新经济和新职业将直接参与推动经济转型和持续助力经济可持续发展。

新职业的发展与应对

新职业伴随着新经济的发展而涌现，新职业让从业者们有了更多的职业选择，在选择投入新职业时，人们实现了热爱与现实的完美融合。

新经济和新职业的互相崛起，不仅是经济向好发展的诠释，而且代表着新时代人民对美好生活向往的追求。两者正在形成相互促进的良性生态体系，在方便和满足人和社会需求的同时，也在促进经济和社会的可持续发展。

新职业对经济转型升级有了更新的需求，展现了未来社会发展的新趋势，并且带来了全新的挑战，即对传统职业结构和教育培训体系的重构，同时新职业的出现也对社会治理体系提出了新的要求，相应的制度也亟须完善。但是，新职业终究会随着时间的推移而变为常规职业，新职业依旧会源源不断地出现。我们应积极应对并接受新职业，通过改进新的手段和方法促进新职业的良性发展。

由此，面对新职业青年群体的涌现，应当对现有职业结构和教育培训体系做出及时的调整，因为传统职业结构及配套的教育培训体系难以适用新职业。为了保证新职业及新职业青年的良性持续发展，当前政府、行业、企业、院校等相互协作，通过开展新职业技能培训、开设新职业专业等方式着力解决新职业青年知识技能无法满足职业发展需求、职业发展空间不足等问题，为新职业的发展赋能。

新职业青年群体具有知识结构新、生产工具新、社会诉求新、流动性强等特点，对社会治理体系提出了新的要求。党的十九届四中全会明确提出："建设人人有责、人人尽责、人人享有的社会治理共同体"。当前，新职业人群应自觉遵守法律法规，树立良好的道德规范，共同形成新职业基本职业准则，积极探索各类社会群体，尤其是新社会阶层、社会工作者和志愿者等参与社会治理的途径，充分发挥群团组织和社会组织在社会治理中的作用。

新职业青年队伍的壮大要求新职业从业者积极关注政府相关政策，推动政府相应制度的提出和落地。在充分发挥市场作用的基础上，政府正积极对相关政策进行优化，已经逐步实现了对职业流动制度的确立、职业技能培训制度的健全、群体诉求和社会参与制度化渠道的建立，着力营造良好的新职业就业环境，优化对新职业青年的成长服务。

对社会而言，新职业青年群体是新经济、新业态的劳动力保障；对企业而言，他们是企业转型升级的重要伙伴；对个体而言，新职业提供了更多个体价值实现的路径。新职业青年更应接受政治引领和科学引导，确保自身职业规范并获得社会保障的支撑。

劳动文化

随着社会的发展及产业结构的升级调整，未来必然有一些职业要消失，也会再出现一些新的职业。职业的消失与产生都是时代的见证。请查找相关资料，讨论有哪些正在被智能机器替代的职业，有哪些不太可能消失的职业，分析这些不太可能消失的职业具备什么特征。

劳动文化之我见

身体力行

科学技术的发展使我们的生活发生了翻天覆地的变化，生产生活方式的改变使一些职业逐渐消失在大众视野，但同时也孕育出许多新的职业，这些新职业的劳动者为社会提供的服务已经与我们的生活密不可分了。面对未来工作世界的变化，我们应该做好哪些准备，请进行一次名为“迎接变革：未来的工作世界”的主题班会，并设计一下这次班会的内容。

“迎接变革：未来的工作世界”主题班会	
活动目的	1. 帮助学生发现身边的新职业。 2. 引导学生分析未来工作世界的可能变化，理性面对未来。
活动时间	________年____月____日
研讨内容	请围绕班会主题设计几个引领性的问题（至少 5 个）。
你的发言	请以“新职业需要什么劳动精神”为主题做发言，阐述你的主要观点。
活动总结	对于今天的主题班会，请用文字写出主要结论（300 字）。

拓展阅读

让机械制造插上智能化翅膀

广西柳工机械股份有限公司（以下简称“柳工”）一直致力于推进全面智能化战略。公司总裁助理、副总工程师、教授级高级工程师罗维说：“我从小到大就喜欢机械、汽车类的东西，长大后选择的职业也和兴趣爱好是一致的，所以花心思、花时间琢磨设计研发对我来说是无比快乐的事。”

作为柳工全面智能化战略的负责人，罗维带领团队一路披荆斩棘，主持并制定了全面的智能化战略，在产品智能化、制造智能化、营销与服务智能化和智慧营销上做了大胆的布局，持续致力于推动遥控装载机的研发、智能化工厂建设、引导挖掘机研发等多个智能化项目的落地。

柳工正在研究开发设计的装载机是用于修建青藏铁路的，因为青藏高原的地理特性，如果装载机的驾驶室同平原地区使用的一样，驾驶员在操作过程中就容易缺氧，会造成安全事故。为此，他们专门设计了能有效隔离紫外线的增压驾驶室，设计了简化的操作系统来减少高原地区操作人员的体能消耗，研制了自动化操作系统，简化了手动操作步骤，降低了操作人员的劳动强度，这样就可以解决缺氧问题。另外，对发动机在高原上因气压不足而导致功率严重下降的问题也做了针对性修改，与发动机厂商共同开发了功率恢复型增压发动机，这是一个突破性的开发成果。

近年来，柳工在精益生产的基础上开始了制造智能化的产业升级，开启了转型升级和高质量发展的新篇章。生产装备、物流装备等从自动化到智能化的系统性升级改造，现已在数字化工厂系统、机器人技术和“互联网 +”平台的基础上，实现云智能下料，大型结构件的成线化焊接、机加和涂装，并实现了模块化的流水线生产，形成了柔性化的智能工厂。罗维自信地说：“柳工还要

【思考】

大数据智能化与经济社会发展的耦合加速，给我们的生活带来巨大改变。作为新时代劳动者，如何适应这样的工作世界变化呢？

在未来打造12个数字化工厂。先将数字化做好，下一步就要添加人工智能方面的技术，逐步实现智能化。”

（资料来源：作者根据网络相关资料整理改编而成。）

学习感悟

情境再现	《大国重器》纪录片共两季，该纪录片以独特的视角记录了中国装备制造业创新发展的历史，纪录片的主人翁们均为普通的一线劳动者和制造业企业转型升级的关键人物，影片记录了他们勤劳奋斗、拼搏付出的真实生活，展现了中国技术、中国装备从无到有，再从有到赶超世界的历程。
请观看该纪录片，并结合本任务的学习内容，做好如下总结思考。	
学习收获	从该纪录片和本任务的学习内容中，你学到了什么？有什么收获？
自我启发	如何在工作中脚踏实地、锐意进取？
学思感悟	如何在平凡的岗位中实现自己的人生价值？

参考文献

班建武，2019．“新”劳动教育的内涵特征与实践路径 [J]．教育研究，40（1）：21-26．

班建武，曾妮，2021．大学生劳动教育：微课版 [M]．北京：人民邮电出版社．

毕文健，顾建军，2020．乐学教学：让学生爱上劳动——新时代学校劳动教育策略研究 [J]．教育科学研究（8）：11-17．

陈国维，2020．大学生劳动教育 [M]．北京：高等教育出版社．

陈豪，2013．习近平总书记在同全国劳动模范代表座谈时重要讲话学习读本 [M]．北京：中国工人出版社．

成有信，1998．教育与生产劳动相结合问题新探索 [M]．长沙：湖南教育出版社．

工业和信息化部工业文化发展中心，2016．工匠精神：中国制造品质革命之魂 [M]．北京：人民出版社．

顾建军，司马周，许悦，2020．职业劳动与职业教育改进的新路向 [J]．中国社会科学报（7）：8-9．

侯兴传，王持栋，2011．劳模精神员工读本 [M]．北京：中国言实出版社．

李珂，2019．嬗变与审视：劳动教育的历史逻辑与现实重构 [M]．北京：社会科学文献出版社．

林克松，熊晴，2020．走向跨界融合：新时代劳动教育课程建设的价值、认识与实践 [J]．湖南师范大学教育科学学报（2）：57-63．

刘向兵，2019．新时代高校劳动教育论纲 [M]．北京：社会科学文献出版社．

刘向兵，2020．劳动通论 [M]．北京：高等教育出版社．

钱俊，钱琛，2018．工匠精神融入职业院校大学生思政教育的路径探究 [J]．学校党建与思想教育（6）：19-20．

孙来斌，2003．列宁的马克思主义理论教育思想研究 [M]．北京：中国社会科学出版社．

檀传宝，2020．何谓“教育与生产劳动相结合”：经典论述的时代诠释 [J]．课程•教材•教法，40（1）：4-10．

檀传宝，班建武，李敏，2021．对话与解读：新时代劳动教育的内涵与走向 [J]．少年儿童研究（3）：4-19．

王飞，2022．新时代“三类劳动教育”的系统化设计与综合实施 [J]．教育与教学研究，36（4）：39-53．

闻人军，2008．考工记导读 [M]．北京：中国国际广播出版社．

夏明月，2012．劳动伦理研究：和谐劳动关系与和谐社会构建 [M]．北京：人民出版社．

萧烽，胡智清，2020．新时代劳动教育与社会实践 [M]．西安：西北工业大学出版社．

杨国华，2015．劳动与人的自由全面发展：马克思的劳动概念及其当代意义 [M]．上海：上海人民出版社．

曾天山，顾建军，2020．劳动教育论 [M]．北京：教育科学出版社．

中共中央马克思恩格斯列宁斯大林著作编译局，2012．马克思恩格斯选集：第 1 ～ 4 卷 [M]．北京：人民出版社．